JN410840

사랑은 유치할수록 아름답다

초판 1쇄 인쇄 2013년 12월 7일
초판 1쇄 발행 2013년 12월 12일

글 이해용
그림 박복규
펴낸이 金泰奉
펴낸곳 한솜미디어
등록 제5-213호

편집 박창서 김수정
마케팅 김명준
홍보 김태일

주소 143-200 서울 광진구 구의동 243-22
전화 (02)454-0492(代)
팩스 (02)454-0493
이메일 hansom@hansom.co.kr
홈페이지 www.hansom.co.kr

값 12,000원
ISBN 978-89-5959-375-0 (03810)

삶 에 대 한 소 회

사랑은 유치할수록 아름답다

| 글 이해용 | 그림 박복규 |

한솜미디어

사랑은 추하지 않게 그러나 유치(幼稚)하게 하며 사시길 바랍니다. 어린아이가 자연스럽게 뽀뽀하는 모습이 귀여워보이듯이 귀엽고 신선한 사랑을 하면 좋겠습니다. 세상은 자유라는 이름으로 추하게 자유스러워졌습니다. 어느 누구도 추한 자유를 원하는 사람은 없을 것입니다.

한때 우리는 잘살아보자는 하나의 목표를 향하여 달려왔습니다. 우리를 위해서 나의 모든 자유를 포기하며 살았습니다. 그러나 이제 내 자유를 찾겠다고 아우성입니다. 내 자유를 위해 우리의 자유는 아랑곳하지 않습니다. 나의 자유가 우리의 자유에 우선합니다. 우리의 자유를 위해 지켜오던 윤리, 도덕, 예의라는 말은 엿 바꿔먹은 지 오래입니다. 고물상에나 가야 찾아볼 수 있는 담뱃대 신세가 되었습니다.

발전이라는 미명 아래 모든 것이 바뀌었습니다. 우리의 옛 풍속이 그렇고 살림살이가 그렇습니다. 불편하다는 이유로 모두 사라졌습니다. 옛날 흔했던 것들이 이제 새로운 구경거리가 되었습니다. 개발한다고 때려 부수더니 이제는 보전한답시고 새로 만들고 있습니다. 진짜 같은 모조품을 만들고 있습니다. 아무리 잘 만들어도 모조품은 모조품일 뿐입니다. 진짜가 아니라 더 진짜 같은 가짜입니다. 가짜를 진짜보다 더 좋아합니다. 이것이 우리의 현주소입니다. 전능하신 분이 이를 보고 얼마나 웃고 계실지 부끄럽습니다. 아니 신은 이런 코미디를 보기 위하여 인간을 창조했는지 모르겠습니다. 우리가 주말 저녁마다 웃기 위하여 코미디 프로를 보듯이 말입니다.

혹자는 정의롭게 살라고 합니다. 사랑하며 살라고 합니다. 행복하게 살라고 합니다. 그러나 정의가 뭐고, 사랑이 뭐고, 행복이 뭔지 잘 모르겠습니다. 잘 살라고 합니다. 솔직히 말해 어떻게 사는 것이 잘 사는 것인지 잘 모르겠습니다. 알아야 정의롭고, 사랑하며, 행복한 삶을 살지 않을까요? 여러분은 모두 알고 계신가요? 나만 모르고 있는 것인가요? 나만 모르고 있다면 좋겠습니다. 나 혼자 바보면 될 테니까요.

진짜라고 생각하는 오류 속에서 우리는 서로 보대끼며 살고 있습니다. 언제 찾을지도 모를 행복을 찾기 위해서입니다. 그러나 유치한 마음으로 살면 좀 더 진실에 가까울 것 같습니다. 엉터리로 사는 것보다는 그냥 유치하게 사는 것이 귀엽게 보일 것이라 생각했기 때문입니다. 제 생각일 뿐입니다. 모두 유치하게 사랑하며 행복하시길 기원합니다.

끝으로 이 책이 출간되기까지 열성을 다한 한솜미디어 임직원, 추천사를 써주신 이명수 전 차관님, 그림을 기꺼이 허락해 주신 박복규 교수님과 도움을 주신 분들께 깊은 감사를 드립니다.

이해용

전해 주고 싶은 이야기들을 대하며…

저자의 글을 읽다 보면 입가에 엷은 미소를 머금기도 하고 가슴이 먹먹해지는 추억의 에피소드를 만나기도 한다. 어린 시절의 송사리낚시 얘기를 했다가 좌중으로부터 졸지에 허풍쟁이가 되어 답답해하는 그의 모습은 이에 작은 재미를 더한다. 발전이라는 이름으로 세상이 이만큼 변했으니 그 얘기가 허풍처럼 들릴 수도 있었으리라. 그런 그가 어느 날 긴 세월을 같이 해온 친구에게 슬며시 원고뭉치를 내밀었다. 아마 벌레를 묶어 물속에 넣었다가 송사리가 물면 낚아채서 고무신에 담던 낚시의 추억을 공유한 탓도 있었을 것이다. 맞다, 단언컨대 그 시절의 송사리 낚시는 분명한 사실이며 그는 허풍쟁이가 아니다.

저자는 이처럼 척박한 토양과 가난을 딛고 이 땅에 풍요를 일구어낸 세대가 걸어온 질곡의 세월을 마치 어제 얘기처럼 생생하게 그려낸다. 학창시절 미팅에서 이루어진 짧은 만남과 이별에서부터 외할머니의 안타까운 소원에 이르기까지 모든 장면을 선명하게 되살려내고 있다. 보통 사람들이 일상에 매몰되어 망각의 늪 속에 버려둔 삶의 조각들을 그는 차곡차곡 쌓아 소중하게 간직하고 있기 때문일 것이다. 그는 인간사회의 복잡한 현상들을 숫자를 통해 규명해 내는 학자답게 현대인들이 가지고 있는 내면의 오묘함을 끄집어내 명쾌한 논리로 정리해 주기도 한다.

결코 우리의 삶이라는 테두리를 크게 벗어나지 않는 저자의 삶에 관한 얘기는 바로 나와 이웃의 얘기이며, 때로는 잃어버린 과거와 변화된 현재를 넘나들면서 우리 모두의 미래를 걱정하는 얘기가 되기도 한다. 그리하여 그의 글은 오늘을 살아가는 독자들의 생각을 머물게 하고 잔잔한 메시지로 다가오지만 어느 것 하나 권위적이거나 진부하지 않다. 자연스러운 문체로 청소년 세대부터 은퇴 후 세대에 이르는 모두에게 편안하게 다가간다. 이렇듯 재미있게 접할 수 있지만 군데군데 묻어나는 저자의 인간적 향기와 성찰 그리고 지혜가 독자들의 시선 이탈을 쉽게 허용하지 않는다.

사실 저자 이해용은 오래전부터 글을 써온 수필가다.『부지깽이 사랑』에 이어 오랜만에 두 번째 수필집『사랑은 유치할수록 아름답다』를 펴냄으로써 이제 색깔이 돋보이는 작가로 자리를 굳히고 있다. 애독자의 한 사람으로 그가 가는 길에 힘찬 박수를 보낸다. 많은 독자들의 관심과 함께 이순(耳順)을 지나서도 열정적인 집필활동을 하는 만년 청년작가 이해용의 다음 작품들이 벌써 기대된다.

(前)농림부차관/주덴마크대사 이 명 수

사랑은 유치할수록 아름답다

여행은 추억만을 남긴 채 끝이 납니다. 지친 몸을 끌고 집에 돌아와 손때 묻은 침대에 몸을 눕힙니다. 나도 모르게 깊은 잠에 빠져듭니다. 익숙하고 편안한 곳에서 꿈을 꾸고 있는 마음이 행복이라는 것을 깨닫게 된 것은 여행에서 돌아온 후였습니다.

Ⅳ. 소망

Ⅴ. 삶

I
만남

Installion View Art Center 96 14

짧은 만남 긴 이별

요즘에는 초등학생들도 미팅을 하고 이성 친구가 있다고 합니다. 중학생만 되어도 미팅하는 것이 촌스럽다고 하니 데이트 사업도 세월 따라 많이 변한 것이 분명합니다. 내가 학교에 다닐 때에는 초등학생이 데이트한다는 것은 언감생심이요, 중학생은 말할 것도 없고 고등학생도 이성 친구와 데이트하다 훈육 선생(그 당시에는 교외활동을 지도하시는 선생님)한테 들키면 일주일 정도 정학 처분을 받거나, 심하면 무기정학을 받기도 했습니다. 대학에 들어가야 미팅할 수 있는 자유를 얻을 수 있었으니 요즘과는 격세지감을 느끼지 않을 수 없습니다. 대학에 입학한 후 그동안 참아왔던 이성에 대한 욕망이 불꽃처럼 타올랐습니다.

대학은 이성을 자유로이 사랑할 수 있는 낙원이었습니다. 반면에 준비되지 않은 자들에게 주어진 자유는 감당하기 어려운 것이었습니다. 일부이기는 하였지만 학업보다는 노는 일에 더 목숨을 거는 학생들도 있었습니다. 당시 대학생들을 '먹고 대학생'이라 불렀던 사실이 이를 증명합니다. 미팅은 그중에 하나였습니다. 주말이 가까워지면 과대표가 어느 대학교 무슨 과와 미팅이 있다고 공고하는 일이 자주 있었습니다. 어떤 대학의 무슨 과와 첫 미팅을 하느냐에 따라 과대표의 유능과 무능을 평가하는 척도가 되기도 했습니다.

나는 삼수라는 간단히 설명하기 힘든 우여곡절 끝에 대학에 합격하였습니다. 천신만고 끝에 입학한 대학이었지만 국방의 의무를 이행하라는 명령을 받고 있었기에 입학식만 마치고 군에 입대해야 했습니다. 그 덕분에 신입생으로 치러야 하는 각종 미팅, 신입생 환영회 및 신고식 등은 면제받은 셈이었습니다. 한 달 모자라는 3년이란 긴 군 생활을 마치고 복학하고 나니 신입생이 치러야 하는 관문이 기다리고 있었습니다. 같이 수업을 받는 학생들과 많게는 7년이나 나이 차이가 나기도 했습니다. 이들은 대부분 복학생들을 형이라 불렀고 여러 면에서 깍듯이 예의를 갖추었습니다. 내가 다녔던 학과에는 재수생이 유독 많아 반 정도가 재수생이었습니다.

산천초목들이 기지개를 켜고 아지랑이 아른거리며 진달래가 꽃잎을 터트리던 어느 황홀한 봄날, 과대표로부터 S여대 약학과 학생들과 미팅이 있으니 꼭 참석하라는 연락을 받았습니다. 그날 마침 아르바이트가 있어 참석하지 않으려 했습니다. 그러나 과대표가 복학생 형들을 위해 마련한 자리이니 꼭 참석해야 한다고 했습니다. 그의 성의를 무시할 수 없어 참석하기로 했습니다. 몇 차례 큰 기대와 아름다운 상상을 하며 참석했습니다. 그러나 참석 때마다 생각하기조차 싫은 쓰라린 상처만이 가슴에 남았습니다. '혹시나' 하고 나가 보면 '역시나'인 경우가 대부분이었습니다. 이런 기억에 그때도 의무를 수행한다는 마음으로 마지못해 참석한 것입니다.

미팅 약속한 날이 밝았습니다. 아침에 일어나 하늘을 보니 1년에 몇 번 보기 힘든 맑고 화창한 날이었습니다. 아무리 무심하려고 해도 묘령의 여인을 만난다는 생각에 가슴이 설레었습니다. 혹시나 오늘은 나의 이상형을 만나지 않을까 하는 기대가 전혀 없는 것은 아니었습니다. 미풍에 이는 물결처럼 설레는 마음으로 내 딴엔 모양을 내고 약속장소로 갔습니다. 그 당시 미팅은 주로 시내 한복판에 있는 호텔 커피숍이나, 유명 다방, 아니면 술집에서 이뤄졌습니다. 데이트에 소요되는 비용은 거의 100% 남자가 부담했습니다. 호텔 커피숍의 커피 한 잔 가격이 500원 정도였던 것으로 기억됩니다. 지금으로 치면 껌값이지만 그 당시 시내버스 차비가 5원인 것을 감안하면 500원 하는 커피값은 만만하지 않은 값이었습니다. 장소는 퇴계로에 있는 어느 호텔 커피숍이었는데 그리 화려한 곳은 아니었습니다.

약속시간이 되어 학생들이 다 모였습니다. 미팅에서 짝을 정하는 방법이 많이 있었지만 그날은 가장 일반적인 제비뽑기로 정하였습니다. 번호를 뽑아 번호가 같은 사람끼리 파트너가 되는 방법이었습니다. 나와 같은 번호를 뽑은 사람을 찾아보니 커피숍 출입문 쪽

자리에 앉아 있었습니다. 눈에 띄는 여인이었습니다. 다가가 만나 반갑다는 인사를 건넸습니다. 늘씬한 키, 서글서글한 눈매, 아름다운 목소리, 이마를 타고 내려와 양 눈을 덮을락 말락 하는 빛나는 검은 머리, 숨은 듯 돋보이는 여성스러움, 몸에 밴 예의와 애교까지 넘쳤습니다. 시쳇말로 보기 드문 퀸카가 내 파트너가 된 것입니다. 지성이면 감천이라고 몇 차례 공(空)을 치더니 오늘에야 이상형에 가까운 사람을 만나게 된 것입니다. 가슴에 잔잔한 파문이 일었습니다. 둘이서 자리를 잡고 앉아 커피를 주문했습니다. 커피가 나오는 동안 통성명과 자기소개를 했습니다. 이름은 최미영, 3학년이었습니다. 호구 조사를 끝내고 분위기를 부드럽게 하기 위해 유행하던 농담을 몇 개 주고받았습니다. 이야기 중에 주문했던 커피가 나왔습니다. 커피에 대해 잘 몰랐지만 그날 커피 향은 그녀의 인상만큼이나 향기로웠습니다. 커피 향에 취하고 그녀의 해맑은 웃음에 넋을 잃고 대화를 나누다 보니 시간 가는 것을 잊었습니다.

시간이 지나자 일행은 하나둘 사라지고 우리 둘만이 남았습니다. 아름다운 파트너와 함께 명동, 종로를 활보하며 맛있는 음식도 먹고 영화라도 한 편 보고 싶었습니다. 그러나 호사다마라고 그날따라 주머니에는 커피 두 잔 값과 달랑 버스표 한 장이 내가 가진 전 재산이었습니다. 커피값마저 친구한테 빌린 신세라 이럴 수도 저럴 수도 없는 가난한 연인들의 슬픈 만남이었습니다. 돈을 준비 못한 무능함이 머리를 때렸습니다. 요즘처럼 카드가 있는 것도 아니요 돈이 흔하지 않은 시절이라 친구한테 돈 빌리기란 쉽지 않았습니다. 헤어지기 아쉬워 밖으로 나가고 싶지 않았습니다. 몇 시간을 같은 자리에 앉아 맹물로 목을 적셔가며 대화를 이어갔습니다. 정신을 차리고 창밖을 보니 밖은 이미 어둠에 싸여 있었습니다. 몇 시간째 자리를 차지하고 앉아 물만 마시고 있는 우리가 측은하고 가여웠던지 서빙하던 아가씨가 가끔 우리 곁을 지나면서 미소를 지었습니다.

시간이 꽤 흘러 아쉽지만 자리를 뜨기로 했습니다. 커피숍을 나오며 집이 어디냐고 물었습니다. 파트너는 광화문으로 가서 버스를 타면 된다고 했습니다. 돈을 쓰는 것은 불가능하니 몸으로 때울 수 있는 배웅이라도 해주고 싶어 바래다주겠다고 했습니다. 파트너도 동의했습니다. 우리는 커피숍을 나와 충무로에서 시작해서 명동과 무교동을 지나 광화문 사거리로 가는 방향을 잡았습니다. 서울의 한복판인 번화가의 찬란한 네온사인과 각종 화려한 유혹들이 빈털터리인 나를 더욱 비참하게 만들었습니다.

오랜만에 마음에 드는 여인을 만났는데 그저 옆에 두고 아무것도 하지 못하는 무능한 머슴아를 이 여인은 어떻게 생각할까? 부끄러움에 등골에서 땀이 흘러내렸습니다. 자장면이라도 한 그릇 사서 먹여 보내고 싶은데 그럴 능력도 없으니 그 비애를 누가 알겠습니까? 그날따라 음식점 안에 앉아 웃으면서 다정히 음식을 나누는 연인들이 그렇게 부러울 수 없었습니다. 이런저런 생각으로 먼 길을 걸어 버스 정류장에 거의 다다랐을 때 나는 파트너에게 죽기보다 더 싫은 말을 했습니다.

"사실 오늘 미영 씨를 만난 것은 천운이며, 덕분에 즐거운 시간을 보냈습니다. 사실 헤어지기 싫어서 오랜 시간을 커피숍에 앉아 있었습니다. 그리고 근사한 레스토랑에 가서 맛있는 저녁을 사주고 싶었는데 지금 내 수중에는 집에 갈 버스표 한 장밖에 없어 그렇게 하지 못했습니다. 다음에 기회가 주어지면 오늘 못한 것을 꼭 해주겠습니다." 그 말을 듣고 있던 미영 씨는 소리 없이 빙그레 웃음을 지으며 애교 있는 목소리로 말했습니다. "그럼 진작 말씀하시지 그랬어요. 자장면 한 그릇 사줄 능력은 있는데요."

헤어짐을 아쉬워하며 머뭇거리고 있는 사이에 미영 씨 집으로 가는 버스가 도착했습니다. 버스가 도착하자 미영 씨는 조금 멈칫하더니 "안녕히 가세요!"라는 한마디를 남기고 버스에 올랐습니다. 매연을 뒤로하고 떠나는 버스를 바라보며 나 홀로임을 깨달았습니다. 언젠가는 또 만나겠지 하는 야무진 꿈을 갖고 발길을 옮겼습니다. 그날 자장면만 같이 먹었어도 인생이 바뀌었을지 모를 일입니다. 만남은 짧았지만 긴 여운이 남는 미팅이었습니다.

담배꽁초 때문에

죽은 제갈량이 산 사마의를 잡았다는 말이 있습니다. 버려진 담배꽁초가 산 사람을 잡는 것을 보면 이 말이 생각납니다. 요즘 시내에서 담배를 피우거나 꽁초를 버리면 벌금을 부과하는 지방자치단체들이 늘어나고 있습니다. 점잖은 어르신이 금연구역에서 무심코 담배를 피우다 단속반에게 걸리면 체면을 구기는 어처구니없는 일이 생기기도 합니다. 이런저런 이유로 금연구역이 넓어지면서 애연가들이 고초를 겪고 있다는 뉴스가 요 며칠 화젯거리였습니다.

애연가들의 흡연 이유도 가지가지입니다. 울화증, 요즘 말로 스트레스를 풀기 위한 것이 가장 큰 이유라고 합니다. 일이 잘 풀리지 않거나, 누구와 다투거나, 윗사람한테서 꾸중을 들었을 때 어디에 하소연할 수도 없고 그렇다고 대놓고 싸울 수도 없으니 속에 쌓인 울분을 담배 한 모금으로 날려보낸다고 합니다. 스트레스를 한 방에 날려 보내는 특효약이라고 하니 애연가들에게는 매력적인 기호

품이 아닐 수 없습니다. 또 다른 이유는 친교를 위해 피운다는 겁니다. 상대가 초면이라면 무례하게 말을 거는 것보다 담배라도 한 대 건네며 대화를 나누게 되면 처음 만나는 어색함이 사라진다는 것입니다. 이 외에도 체중 감량을 위해 피운다고 하니 애연가들도 나름대로 충분한 이유가 있는 것 같습니다.

나도 한때 담배를 피우다가 건강이 좋지 않아 끊은 경험이 있습니다. 친구와 술을 마시거나 혼자 외롭게 있는 시간에 담배를 피웠습니다. 담배를 끊은 지 30년이 넘었으니 담배에 대한 미련은 없습니다. 아니 담배 연기를 간접 흡입하게 되면 기분이 나빠집니다. 담배를 피우는 친구를 보면 용감한 장수처럼 보이기도 합니다. 아직도 담배를 피우는 친구들에게 “자네는 지금도 마누라를 쥐고 사는 요즘 보기 드문 남자”라며 칭찬 반 비웃음 반으로 농담을 건네기도 합니다.

나의 첫 흡연은 어머님이 밥을 지으실 때 부엌에서 불을 때 주다가 불타는 막대기나 지푸라기를 들고 담배 피우는 흉내를 냈던 때로 거슬러 올라갑니다. 그러다 초등학교 5학년 여름방학 때 서울에서 대학 다니던 외삼촌이 고향에 내려와 박하 잎을 신문지에 말아서 피우는 것을 보다가 호기심에 따라 했던 것이 흡연다운 흡연의 첫 체험이었습니다. 빨아들인 연기가 바로 목구멍으로 들어가 숨이 막혀 기침을 한참 하다 정신을 잃고 그대로 깊은 수면 상태에 빠졌다 깨어난 사건이었습니다. 외삼촌은 담배에 호기심을 갖고 있던 나에게 흡연이 건강에 좋지 않다는 사실을 체험을 통하여 스스로 터득게 하는 교육을 시키셨던 것으로 생각합니다. 그 사건 후로 흡연은 나쁜 것이라는 생각이 각인되어 학창시절에는 담배를 피우지 않았습니다. 군에 입대해서도 담배 대신 사탕을 먹었습니다. 당시 군에서는 흡연자에게는 담배를 비흡연자에게는 사탕을 매일 지급해 주었습니다. 그때 먹었던 달콤하고 시큼한 사탕 맛을 생각하니 지금도 입에 침이 고입니다.

이렇게 흡연에 관한 이야기를 장황하게 늘어놓은 것은 잊지 못할 담배꽁초에 얽힌 사연을 이야기하기 위함입니다. 아시안 게임이 열리던 1986년 출근하던 어느 날 여름 아침이었습니다. 광화문 사거리 이순신 장군 동상 앞에서 신호에 걸려 서 있었는데 바로 앞 차에서 유리 창문이 열리더니 담배꽁초가 창밖으로 튀어나왔습니다. 이를 본 나는 즉시 '빵' 하고 경적을 울렸습니다. 옆에 앉아 있던 마누라가 놀라서 경적을 누르는 내 손을 잡으며 왜 쓸데없는 짓을 하느냐며 눈을 치켜떴습니다. 신문에서 시비 걸다 맞았다는 기사도 보지 못했느냐며 나무랐습니다. 지금도 새치기를 하거나 길거리에 침을 뱉거나 교통신호등을 무시하고 달리는 차를 보면 경적을 울리거나 헤드라이트를 번쩍여서 경각심을 주는 못된(?) 버릇이 있습니다. 나름 작은 정의를 실현한다는 생각에 맞을 각오를 하며 그런 짓을 합니다. 물론 나 자신도 운전하다 보면 교통법규를 위반하기도 하지만 어쨌든 잘못은 잘못이므로 그렇게 하는 것이 몸에 배어 있습니다. 그래서 대드는 사람에게 해줄 말도 늘 준비하고 다닙니다.

"점잖은 분이 좋은 차 몰고 다니면서 길거리에 버리면 되겠느냐?"

빵 소리를 들었는지 잠시 후 앞차 문이 열리더니 운전자가 밖으로 나왔습니다. 순간 긴장이 되었습니다. 옆에 있던 마누라가 더 놀라며 어디 한번 혼나 보라며 핀잔을 주었습니다. 나도 순간 긴장을 하고 목에 힘을 주면서 운전자가 내게 와서 시비(사실 따지고 보면 시비는 내가 먼저 건 것이지만)를 걸면 점잖은 말투로 훈계하려고 준비하고 있었습니다. 그런데 운전자는 차에서 내리더니 자기가 버렸던 담배꽁초를 냉큼 주웠습니다. 그리고 나를 보고 고개를 숙여 정중히 인사까지 하는 것이었습니다. 신호가 바뀌고 차는 달려 사라졌습니다.

나는 그때 경적을 누르기를 잘했다는 생각이 들었습니다. "서울에 저런 멋진 사람만 산다면 참 아름다운 도시가 될 수 있을 텐데…" 순간 나 자신이 자랑스럽고 행복했습니다. 옆에 앉아 있던 마누라도 요즘 보기 힘든 참 멋있는 사람이라며 거들었습니다. 나 자신도 허물이 누구 못지않게 많습니다. 그러나 사회가 바로 서려면 너나 할 것 없이 나의 잘못을 남이 지적해 주고 남의 잘못을 내가 지적해 주며 살아야 한다고 생각합니다. 이런 생각에 오늘도 빵빵 대며 살고 있습니다. 맞을 각오로….

맥주 한 캔에 얽힌 사연

우리 민족은 생면부지의 사람들이 만나도 서로 담배 한 대 나누며, 술 한 잔 권할 수 있는 여유를 가진 민족으로 알고 있습니다. 내가 어릴 적만 해도 그랬습니다. 농사철에 길을 가다 새참이나 점심을 먹는 곳을 지나게 되면 으레 붙들려 음식을 얻어먹었던 기억이 납니다. 없이 살아도 콩 한 쪽도 나누어 먹는 훈훈한 인심이 있었습니다. 그런 문화 속에서 자란 탓인지 나는 요즘도 음식을 보면 나눠 먹기를 매우 좋아합니다. 때로는 모르는 사람에게 음식을 권했다가 거절을 당한 경우도 있었습니다. 하도 믿기 어려운 세상이 되다 보니 선의가 악의로 둔갑하기도 합니다. 살기 힘든 불신의 사회가 되고 말았습니다. 예전에야 옷깃만 스쳐도 인연이라고 했는데, 이제는 옷깃은 고사하고 눈길 한번 잘못 주었다고 시비가 붙고 칼부림이 나는 시대이니 누구를 원망할 처지도 아닌 것 같습니다. 아무리 세상이 살기 어렵고 인심이 흉흉하다 해도 서로 믿고 의지할 곳은 사람뿐이라 생각합니다. 서로 의지하고 정을 나누며 살아야 살맛 나는 세상이 되지 않겠습니까? 우리가 우리를 믿지 않으면 누구를 믿고 산다는 말입니까? 손해를 본다고 해도 믿어야 합니다.

몇 해 전에 두 친구 부부와 우리 부부 모두 여섯 명이 태백산 산행을 갔습니다. 여름 휴가철이라 숨이 턱까지 차고 등줄기에 땀이 흘러 작은 도랑을 이루는 무더운 날이었습니다. 나는 언제나 산에 오를 때면 맥주 두 캔(맥주가 아니면 다른 음료수)을 가지고 오르는 것이 습관처럼 되었습니다. 그날도 시원한 캔 맥주 두 개를 사서 배낭에 넣고 정상을 향해 걸었습니다. 집사람이 무겁게 두 개씩이나 가지고 간다며 못마땅하게 생각하였습니다. 고진감래라고 어렵게 정상에 오르니 시원한 바람과 탁 트인 아름다운 전경이 우리 일행을 반갑게 맞이하는 것 같았습니다. 정상에 도착한 우리는 사지를 쭉 뻗고 벌러덩 누워버렸습니다. 우리 일행보다 먼저 도착한 사람들이 여기저기에서 쉬고 있거나, 사진을 찍거나, 음식을 나눠 먹고 있는 것이 눈에 띄었습니다. 우리 일행도 땀을 식히고 나서 가지고 올라온 음료와 과일을 먹기 시작했습니다. 불행인지 다행인지 몰라도 같이 간 일행 중에 술을 입에 대는 사람은 나밖에 없었습니다. 가지고 간 맥주 두 캔을 꺼내놓고 미시자니 좀 많다는 생각이 들었습니다. 마침 앞에 사진기를 메고 서 있던 아저씨에게 맥주 한잔 같이하겠느냐고 물었습니다. 그 아저씨는 기다렸다는 듯이 흔쾌히 승낙하며 우리 일행 곁으로 왔습니다. 나와 그 아저씨가 각각 하나씩 나눠 마셨습니다. 마시면서 자연스럽게 우리 일행과 이야기가 오가고 통성명을 하기에 이르렀습니다.

그분은 태백산에 서식하는 살아서 천 년 죽어서 천 년을 산다는 주목을 주 대상으로 사진을 찍는 전문 사진사였습니다. 휴식을 마치고 일어서자 사진사 아저씨는 우리의 뒤를 따라와 이곳저곳을 안내하며 경치가 좋은 곳에서는 손수 사진을 찍어주었습니다. 자기가 좋아한다는 주목에서 우리 일행 한 사람 한 사람을 모델로 하여 다양한 포즈의 사진을 찍어주는 친절을 베풀어주었습니다. 맥주 한 잔의 값치고는 너무 비싼 것이었습니다. 작은 보시로 큰 은혜를 받은 것이었습니다. 한 잔의 맥주는 그 이후에도 우리 일행 중 한 분과 인연이 닿아 아저씨의 사진 전시회에 초대되어 좋은 작품을 감상하는 기회를 얻기도 하였습니다.

여러분도 산에 오르거나 여행할 때 다른 사람을 위해서 여분을 챙기기 바랍니다. 혹 압니까? 순간의 인연이 평생을 좌우하는 큰 인연이 될지 말입니다. (2013년 1월 31일)

내 인생의 4막 4장

마누라가 쇼핑하는 데 따라가기 좋아하는 사람은 많지 않은 것으로 알고 있습니다. 자랑은 아니지만 나 역시 집사람과 동행해 본 지 참 오래되었습니다. 며칠 전에 집사람이 구두를 사주겠다고 하기에 백화점을 따라간 적이 있었습니다. 구두 하나만 사가지고 백화점을 나오기가 아쉬웠던 모양입니다. 떡 본 김에 제사지낸다고 집사람이 구경하고 싶다고 해서 잠시 따라다녔습니다. 사지도 않을 물건을 만지고 걸쳐 보고 물어보기를 무려 몇 시간….

맨 정신으로는 따라다니기 힘들었습니다. 평소 집에서는 만사 귀찮아하던 집사람이 백화점에서는 밤하늘의 별처럼 눈이 반짝였습니다. 구경하는 데 넋이 나가 주변은 신경도 쓰지 않았습니다. 한마디 하고 싶은 충동이 목 바로 밑에까지 올라왔지만 후환이 두려워 입을 닫았습니다. 결국 나는 중도에 피곤하다는 핑계로 휴게실에서 쉬기로 하고 집사람은 혼자 구경을 좀 더 하기로 하였습니다. 휴게실에는 나같이 나이 든 사람과 어린애들 몇이 놀고 있었습니다.

몸을 의자에 기대고 멍한 눈으로 앉아 쉬고 있는데 옆에 있던 꼬마는 무엇이 그렇게 좋은지 신이 나서 놀고 있었습니다. 꼬마가 귀엽게 생겨서 "꼬마 몇 살?" 하고 물었습니다. 꼬마는 고사리 같은 손가락으로 세 개를 펴고 두 개를 오므려서 내게 보여주었습니다. "아! 세 살이구나?" 내 말을 들은 꼬마는 고개를 끄덕이며 내 옆 의자에 서서 날 바라다보았습니다.

싱글벙글 웃는 모습이 너무 예뻐 주머니에 있던 사탕 몇 개를 꺼내주었습니다. 고사리 같은 손으로 몇 개는 손에 쥐고, 몇 개는 땅에 떨어뜨렸습니다. 땅에 떨어진 사탕을 주우려면 또 손에 쥐고 있던 다른 사탕이 떨어지고, 또다시 떨어진 사탕을 주우려면 다른 사탕이 떨어지기를 몇 차례 반복하였습니다. 모두 가지려는 노력이 가상해서 웃음을 머금고 바라보다가 주워서 몇 개는 주머니에 넣어주고 몇 개만 손에 쥐도록 해주었습니다.

꼬마는 사탕을 들고 총총걸음으로 조금 떨어져 앉아 있던 엄마한테 갔습니다. 그리고는 엄마 손을 끌어당기더니 나를 가리키며 알아듣기 힘든 이야기를 하고 있었습니다. 꼬마 이야기를 듣더니 아이 엄마가 내게 감사하다며 공손히 인사를 하였습니다. 조금 있다가 꼬마는 다시 내게 오더니 내 옷을 만지기도 하고 무릎에 올라와 앉기도 하며 마치 잘 알고 지내는 가족처럼 굴었습니다.

나도 심심하던 차에 조카처럼 귀여워 안아주고 얼러주며 한참을 같이 놀았습니다. 아이 엄마가 볼일이 다 끝났는지 우리가 놀고 있는 쪽으로 오더니 이제 집에 가자며 꼬마 손을 잡았습니다.

아쉬운 이별을 할 시간이었습니다. 그 순간 꼬마는 가지 않겠다며 떼를 쓰는 것이었습니다. 순간에 정이 들었나 봅니다. 아이 엄마가 순간 당황하면서 "아저씨, 미안해요" 하더니 아이에게 "할아버지께 인사해야지?" 하는 것이었습니다. 그러자 마지못해 꼬마 녀석이 "할-아-아 버-어-지 안녕!" 하는 인사를 뒤로하고 엄마를 따라 쫄랑거리며 멀어져 갔습니다. 가면서도 몇 번을 뒤돌아보며 내게 손을 흔든 그 녀석은 많은 여운을 남기고 갔습니다.

아! 할아버지라? 이 세상에 태어나 처음으로 들어본 '할아버지'라는 말은 그 꼬마에 대한 사랑의 깊이만큼 내 마음에 각인되고 있음을 느꼈습니다. 할아버지? 그 어린아이 엄마의 눈에는 내가 할아버지로 보였던 모양입니다.

빙그레 허탈한 웃음을 웃고 있는데 집사람이 바쁜 걸음으로 다가왔습니다. 내가 웃는 모습을 보고 미안했던지 "이제 가자!"며 내 팔짱을 끼었습니다. 집에 돌아온 나는 화장실에 들어가 거울에 비치는 내 얼굴을 가만히 들여다보았습니다.

자세히 들여다보니 무심고 지난 세월의 숫자만큼이나 눈가에 잡히는 주름과 목에 깊게 패인 자국들이 "너 할아버지 맞아!" 하며 내게 말하는 것 같았습니다. 나이를 먹는다는 것은 지극히 정상적인 일이지만 구두 한 켤레 얻어 신으러 백화점 따라갔다가 졸지에 할

아버지 소리를 듣고 돌아온 그날 내 인생의 4막 4장이 시작되었습니다.

고마워요, 젊은이!

지난 주말 잘 알고 지내던 분의 딸아이 결혼식이 있어 지하철을 타야 했습니다. 지하철을 자주 이용하지는 않지만 강남이나 인천 방면에 일이 있을 때는 가끔 이용합니다. 서울 생활이 40년이 넘었는데도 주로 강북에서 살고 직장을 다니다 보니 아직도 강남의 거리는 손수 운전하는 데 익숙하지 않습니다. 뿐만 아니라 주차하기도 어렵기 때문에 특별한 경우가 아니면 운전을 하지 않고 대중교통을 이용합니다. 특히 약속시간에 맞추어 갈 일이 있으면 지하철을 많이 이용하는 편입니다.

예식장이 학동역 부근이라 하남에 있는 우리 집에서 바로 가는 교통편이 없었습니다. 몇 번을 갈아타야 갈 수 있는 조금 불편한 곳이었습니다. 요즘은 차마다 내비게이션이 달려 있어 장소 찾기가 편리한데 내 차는 내비게이션이 없는 옛날 달구지 수준의 차입니다. 집을 나서기 전에 학동까지 어떻게 가야 하는지 지도를 보면서 알아보았습니다. 먼저 우리 집에서 강동역까지 버스를 타고 나가 강동역에서 전철을 탄 다음, 군자역에서 내려 7호선으로 갈아타야 했습니다. 찾아가기도 어려웠지만 가능하면 결혼식 전에 도착하기 위하여 조금 여유 있게 집을 나섰습니다. 집 앞에서 강동역까지 가는 버스는 거의 매분마다 있어 곧바로 버스가 왔습니다. 강동역까지 약 40분 정도 걸렸습니다. 버스정류장에 내려 바로 옆에 있는 강동 지하철역으로 내려갔습니다.

지하철역으로 내려가 보니 주말이라 그런지 나들이객이 많았습니다. 특히 등산복 차림의 사람들이 배낭을 메고 삼삼오오 모여 이야기하는 것이 눈에 많이 띄었습니다. 정장을 입고 전철을 기다리고 있는 내 모습이 마치 이방인처럼 느껴졌습니다. 시골에서 상경한 사람처럼 여기저기 이것저것 구경하고 있는데 지하철이 도착했습니다. 차 문이 열리며 사람들이 내리자 문 앞에서 줄을 서서 기다리던 사람들이 차례대로 차에 올랐습니다. 나도 사람들 뒤를 따라 들어갔습니다. 예상대로 사람이 많았습니다. 특히 알록달록한 등산복을 입고 배낭을 멘 사람들이 많았습니다.

군자역에서 학동역까지는 여섯 정거장이었습니다. 약 20분 정도 걸리는 거리이므로 서서 가는 것이 큰 부담이 되지 않아 비교적 사람이 적은 쪽으로 들어갔습니다. 손잡이를 잡고 서서 앞을 보니 좌석 뒤에 '노약자를 위해 마련된 자리'라고 쓰여 있었습니다. 그런데 자리에는 노약자 같은 사람은 한 사람도 없고 젊은이들이 차지하고 앉아 스마트폰인지 뭔지를 열심히 들여다보고 있었습니다. 모두 도깨비에 홀린 환자처럼 보였습니다.

그때 내 바로 앞에 앉아 있던 젊은이가 갑자기 일어나더니 나더러 앉으라는 것이었습니다. 손사래를 치며 괜찮다고 말했으나 그 젊은이는 곧 내린다며 자리를 양보했습니다. 젊은이 마음씨가 고맙기도 하고 약간 감격도 해서 "고마워요"라는 인사와 함께 자리에 앉았습니다. 자리를 양보한 젊은이는 일어서서 문 쪽으로 걸어갔습니다. 젊은이 얼굴을 보니 어떤 미남보다 예뻐 보였습니다. 내가 자리를 양보받을 정도로 늙어 보였나 하는 생각에 가는 세월이 야속하기도 했지만 요즘에도 저렇게 멋진 젊은가 있다는 데 위안이 되었습니다. 외모는 멀쩡해 보여도 마음이 병든 자가 많은 요즘, 아직도 건강한 젊은이가 있다는 데 큰 선물을 받은 듯이 기분이 아주 상쾌했습니다.

두 정거장이 지나자 그 젊은이가 내렸습니다. 젊은이가 걸어나가는 뒷모습을 바라보며 역 이름을 확인해 보니 용마산역이었습니다. '뚝섬역이나 강남역쯤 왔을 것으로 생각했는데 용마산역이라니….' 깜짝 놀라 내리려는데 지하철 문이 닫히고 다음 역을 향해 움직이고 있었습니다. 아! 이런 변이 있나! 세 정거장이나 목적지와 반대 방향으로 가게 된 것입니다. 나는 그 젊은이의 호의를 새길 여유도 없이 다음 역인 사가정역에서 내렸습니다. 평생 처음 와본 사가정역에서 학동 방향으로 가는 지하철을 갈아타야 했습니다. 우여곡절 끝에 예식장에 도착하니 "곧 결혼식을 거행하겠사오니 결혼식에 참석하신 하객께서는 자리에 앉아주십시오"라는 멘트가 들려왔습니다. 축의금을 내고 식권을 받아 예식장 안으로 들어가 보니 벌써 좌석이 꽉 차 있었습니다. 미리 와 있던 친구들과 간단히 인사를 나누고 자리가 없어 할 수 없이 별관으로 가서 낯모르는 하객들과 합석하여 식사를 하게 되었습니다. 그래도 그 젊은이 생각에 하루 종일 감사하는 마음으로 지낼 수 있어 잊을 수 없는 날이 되었습니다.

고마워요, 젊은이! (2013년 1월 22일)

만남

우리는 매일 누군가 아니면 무엇인가를 만나고 또 헤어지며 살고 있습니다. 무엇인가 만나지 않고 살 수는 없습니다. 만남은 두 개 이상의 개체가 대면하는 것을 뜻합니다. 만남을 통해서 일이 시작됩니다. 또한 만남은 다양한 관계를 만듭니다.

이성 간 만남은 연인 관계를 만듭니다. 연인들이 사랑이 싹터 결혼을 하게 되면 부부라는 관계가 만들어집니다. 낳아주신 분과 태어난 분으로 만나면 부모와 자식 관계가 만들어집니다. 부모님과 친척 관계에 있는 사람과는 나도 같이 친척 관계가 만들어집니다. 이런 관계를 혈연이라 합니다. 같은 지역에서 태어나 자란 사람과는 동항이라는 관계가 만들어집니다.

이와 같이 고향이 같다는 이유로 맺어진 관계를 지연이라고 합니다. 같은 시기에 학교를 다니면 동기 동창 관계가 만들어집니다. 같은 학교를 나온 사이에는 동문이라는 관계가 만들어집니다. 이런 관계를 학연이라고 합니다. 이 세 가지 외에도 많은 만남이 있습니다. 동년배들끼리 만나 우정을 쌓으면 친구 관계가 만들어집니다. 경쟁자로 만나 원한이 맺히면 원수지간이 됩니다. 가르치는 사람과 배우는 사람으로 만나면 스승과 제자라는 관계가 만들어집니다. 물건을 사는 사람과 파는 사람 사이에는 고객과 상인이라는 관계가 만들어집니다.

명작이라고 알려져 있는 소설이나 영화를 봐도 그 내용은 모두 대동소이합니다. 만나고 사랑하다가 헤어지는 것입니다. 이 큰 줄거리는 작품마다 크게 다르지 않습니다. 다만 만남이 극적이거나, 사랑하는 과정이 눈물겹도록 감동적이거나, 헤어짐이 인상적인 작품들일 뿐입니다. 3대 비극의 하나로 알려져 있는 『로미오와 줄리엣』을 보면 만남이 잘못되었습니다. 만나서는 안 될 집안의 아들과 딸이 만나게 됩니다. 비극적인 만남입니다. 비극적인 만남이기에 사랑을 지키기 위한 처절한 갈등이 계속됩니다. 눈물겹도록 애처롭습니다. 죽음은 또 어떻습니까? 보통 독자의 상상을 뛰어넘는 비극적인 반전의 계속입니다. 결국 만나고 사랑하다가 헤어지는 과정을 비범하게 엮었습니다.

나는 오스카 와일드가 쓴 『행복한 왕자』에 나오는 이야기를 슬프고도 감명 깊게 읽었습니다. 제비가 따뜻한 남쪽 나라로 가다가 갈대를 만나 사랑합니다. 갈대와 헤어지고 또 남쪽으로 가다가 하룻밤 잠자리 신세를 진 인연으로 황금동상으로 만든 왕자를 만나게 됩니다. 왕자의 소원을 들어 심부름하다가 왕자를 사랑하게 되고 결국 따뜻한 남쪽으로 가지 못해 얼어 죽습니다. 왕자와 제비의 극적인 만남과 사랑 그리고 비극적인 헤어짐이 감동적이었습니다. 사람이 아닌 제비도 만나고 사랑하다 헤어지는 삶을 살았다는 이야기입니다. 우리의 삶도 크게 다르지 않을 것입니다. 지금 여러분도 극적인 만남과 감동적인 삶을 살고 있는지 확인해 보십시오. 그렇다면 앞으로 남은 것은 아름다운 이별입니다. 헤어짐을 아름답게 할 수 있는 삶을 살도록 해야 합니다. 가장 바람직한 삶이란 아름답게 만나 깨 쏟아지게 재미있게 사랑하다가 웃으면서 헤어질 수 있는 삶을 사는 것입니다. 온달은 평강공주를 만나 부마가 되고, 유비 현덕은 제갈공명을 만나 천하를 얻습니다. 해용은 희자를 만나 사랑이 얼마나 귀중한 것인지를 깨닫게 되었습니다. 만남은 이처럼 중요합니다.

내게도 피를 나누지는 않았지만 형제 이상의 정을 나누며 지내는 분들이 있습니다. 하루만 안 봐도 궁금해지는 분들입니다. 서로 많은 이익을 나누며 사는 것도 아닙니다. 그냥 만나면 즐겁고 헤어지면 보고 싶은 그런 분들입니다. 이렇게 만남의 인연을 통해서 사람들은 악연과 인연을 맺으며 삽니다. 노사연이 부른 '만남'이라는 노래가 있습니다. 노래방에 가면 한 번쯤은 꼭 듣게 되는 노래입니다. 남이 부르지 않으면 나라도 부르는 곡입니다. 그 노래 가사가 참 재미있습니다. '우리 만남은 우연이 아니야 그것은 우리의 바람이었어…,' 우연의 만남도 있지만 이 만남은 바람 즉, 소원이 이뤄졌다는 내용입니다.

만남은 우리의 일생을 좌우하는 매우 중요한 일입니다. 우리의 의지로 할 수 있는 만남은 극히 제한적입니다. 그게 비극입니다. 법정 스님은 만남을 인연이라고 했습니다. 전생에 좋은 일을 많이 했다면 좋은 인연을 만나게 되겠지만, 나쁜 일을 많이 했다면 그 업으로 악연을 만나게 된다는 것입니다. 전생의 일이야 지금 어떻게 해볼 수 없는 일이니 내세에서라도 좋은 인연을 만나기 위해 지금 이 순간부터라도 좋은 일을 많이 해야 할 것 같습니다. 오늘도 누구를 만날까 기다려집니다.

두고 보자

며칠 전 길을 걷다가 나이가 지긋하게 보이는 두 남자가 멱살을 잡고 싸우는 장면을 목격하는 행운(?)을 얻었습니다. 세상에 세 가지 재미있는 것이 물구경, 불구경, 싸움구경이라고 하는데 그중에 하나를 구경하게 되었으니 말입니다. 많은 사람들이 오가는 길거리에서 어린아이도 아닌 어른들이 고성을 지르며 싸우는 모습에 나 자신이 부끄러웠습니다. 어린아이들이 지나가면서 키득거리며 소곤거리는 것이 마치 나를 조롱하는 것 같았습니다. 한참을 서로 죽일 듯이 날뛰더니 힘이 빠졌는지 아니면 제정신이 들었는지 잡은 멱살을 놓더니 약속이나 한 듯이 “두고 보자!”며 싸움이 예상보다 싱겁게 끝났습니다. ‘두고 보자!’라는 말은 지금은 이렇게 끝내지만 언젠가 기회가 오면 앙갚음을 하겠다는 자기 다짐일 것입니다. 아니면 그냥 싸움을 끝낼 명분일 수도 있습니다.

싸움이 끝나고 나면 대부분은 잊어버리고 삽니다. 때론 비 온 뒤에 땅이 더 굳어진다고 더 가까운 친구가 되는 경우도 있습니다. 일부는 그날부터 서로 원수지간이 됩니다. 둘이 만나기만 하면 으르렁거립니다. 인간의 이성이란 엿 바꿔 먹은 지 오래입니다. 상대가 하는 일은 무조건 반대입니다. 너는 내가 죽어 무덤에 가도 용서할 수 없다는 심보로 가득합니다. 눈에 쌍심지를 켜고 '요놈 두고 보자' 하는 다짐을 다시 합니다. 이웃에 살거나 자주 만나는 친구 사이라면 더욱 심합니다. 좋은 일이든 나쁜 일이든 상대가 하는 것은 전부 못마땅합니다. 좋은 소식에는 배가 아픕니다. 나쁜 소식에는 기뻐합니다. 이런 관계가 지속되면 언젠가는 서로에게 씻지 못할 일이 벌어질 수 있습니다. 같은 자리에서 술이라도 한 잔하는 날에는 묵은 감정이 살아나 다시 싸움이 벌어집니다. 이쯤 되면 집안끼리도 관계가 멀어집니다. 어른이나 아이 할 것 없이 다 똑같습니다.

요즘 매스컴의 사회면에 우리나라 국민이 싸움을 잘하는 국민이라는 기사가 났습니다. '욱하는 성질' 때문이라고 합니다. 조금만 참으면 될 것을 순간의 성질 때문에 귀중한 생명 그것도 친지는 물론 자기를 낳아주신 부모님이나 형제자매를 죽이게 된다니 참 어이없는 일이 아닐 수 없습니다. 누구나 한 번쯤은 욱하는 성질 때문에 후회한 적이 있을 것입니다. 단 몇 초만 참으면 벌어지지 않을 끔찍한 사건사고가 순간에 벌어지고 맙니다. 순간의 잘못이 영원한 상처를 남기게 됩니다. 나도 수십 년을 살아오면서 그런 경험을 많이 했습니다. 요즘도 석양에 물고기 뛰어오르듯 순간순간 '욱'

이 튀어나옵니다.

욱하는 성질은 순간의 화에서 생깁니다. 그러나 '두고 보자'는 말은 두고두고 너를 괴롭히겠다는 것입니다. 반만년 역사를 살아온 끈질긴 생명력의 유산이 아닐 수 없습니다. '욱'하는 성질이 조금의 여유를 가지면 사그라지는 불꽃 같은 것이라면 '두고 보자!'라는 말은 화롯불과 같은 잠재적인 불씨입니다. '욱'하는 성질은 시간이 약이 됩니다. 그러나 '두고 보자'는 시간만으로 해결되지 않습니다. 오직 용서하고 화해만이 '두고 보자!'라는 원한을 잠재울 수 있습니다. 둘 중에 누군가 먼저 손을 내밀고 화해를 청해야 하는 문제입니다.

화해나 용서가 말로는 쉬운데 또 하고 보면 별것이 아닌데 처음 입 떼기가 쇳덩이보다 더 무겁습니다. 한 사람이 손해 본다고 생각하고 웃는 낯으로 손을 내밀면 봄눈 녹듯 순식간에 없어집니다. 지는 것이 이기는 것이라는 진리가 여기 있습니다. 영광스러운 패배입니다. 그 뒤에는 평화가 주는 기쁨이 기다리고 있습니다. '욱'으로 시작되어 벌어진 싸움이 '두고 보자!'라는 원한이 생기게 됩니다. 참고 용서하는 지혜로운 민족으로 거듭나 불명예스러운 갈등으로부터 자유스러운 민족이 될 날을 기다려봅니다

최 박사님

역사는 만남으로부터 시작된다는 말에 전적으로 동의합니다. 최 박사님은 내가 1995년 시애틀에 있는 UW에서 1년간 연구하고 있을 때 만난 교포였는데 나보다 먼저 와서 연구하던 J대학교 김 교수님의 소개로 만나게 되었습니다. 운동하다 목을 다쳐 목을 가누지 못해 고생하는 내 모습을 본 김 교수님이 목 디스크를 잘 고친다는 최 박사님을 소개해 준 것입니다. 최 박사님은 스포츠 마사지(chiropractic)를 하는 유명한 의사라고 했습니다. 소문에 의하면 김 대통령도 치료했고, 클린턴 전 미국 대통령과도 알고 지내는 사이라고 했습니다. 김 교수님도 최 박사님을 우연히 만나게 되었다고 했습니다. 내가 많이 괴로워하자 마음씨 고운 김 교수님이 최 박사님께 사정해서 나를 데리고 최 박사님 댁으로 찾아가게 된 것입니다.

최 박사님 댁은 우리가 살던 동네에서 약 10분 거리에 있었습니다. 미국 도시 외곽에 있는 집들이 대개 그렇듯이 최 박사님이 사는 집도 널찍한 땅에 지어진 2층집으로 내가 보기에는 저택이었습니다. 미리 전화를 하고 찾아가서인지 우리가 집에 도착하자 최 박사님이 나와 반갑게 맞아주었습니다. 첫인상이 자상하고 친절하며 사교성이 있어 보였습니다. 자그마한 키에 딱 벌어진 어깨, 당당한 태도, 부리부리한 눈매, 쩌렁쩌렁한 목소리가 마치 칭기즈칸을 연상케 하는 사람이었습니다.

인사를 나누고 안내를 받아 집 안으로 들어가자 말쑥하게 차려입은 누이같이 예쁜 부인이 웃으며 반겨주었습니다. 최 박사님의 부인이었습니다. 집 내부는 외형보다 더 화려했습니다. 천장이 높고 널찍하여 시원해 보였으며, 모든 것이 잘 정돈되어 있었습니다. 진열된 물건들이 하나같이 값져 보였습니다. 벽에 걸려 있는 큼지막한 동물 박제들이 우리를 환영하는 것 같았습니다. 특히 2층으로 올라가는 계단 옆에 걸려 있는 장총이 이색적이었습니다.

내부를 감상하고 있는 사이에 아이들이 하나 둘 나타났습니다. 최 박사님이 우리를 소개하며 인사하라고 하자 모두 귀여운 말씨로 인사를 했습니다. 1남 2녀였습니다. 인사를 하고 나서는 수줍은 듯이 엄마 손을 잡고 서서 우리를 바라보았습니다. 모두 강아지처럼 예쁘고 귀여웠습니다. 특히 큰애는 얼굴이 갸름하고 예쁜데다가 서글서글한 눈매에 웃는 모습이 참으로 아름다웠습니다. 내가 이름이 뭐냐고 묻자 또랑또랑한 목소리로 "최선이"라고 대답했습니다. 옆에 있던 선이 엄마가 공부도 잘한다며 자랑을 했습니다. 탐이 나는 귀여운 딸이었습니다. 선이 다음으로 아들이 있었고, 아들 밑으로 앙증맞을 정도로 예쁜 딸이 있었습니다.

준비해 놓은 차를 마시며 이런저런 이야기로 친밀감이 어느 정도 생긴 다음, 최 박사님이 나를 마사지 하는 침대로 안내했습니다. 침대는 마사지하기 편리하게 엎어지면 목이 돌아가지 않도록 머리가 놓일 부분에 구멍이 뚫어져 있는 침대였습니다. 목 부분이 아프다고 하자 머리를 두 손으로 잡더니 닭 모가지 비틀듯 비틀었습니다. 목에서 뼈 부러지는 소리가 나더니 순식간에 시원해짐을 느낄 수 있었습니다. 한 10분 정도 여기저기 마사지를 받고 5분 정도 누웠다가 일어나니 며칠 고생하던 아픔이 거짓말처럼 싹 사라졌습니다. 순간 최 박사님이 중국의 신의 화타가 아닌가 하는 생각이 들었습니다. 최 박사님이 존경스러웠습니다.

그 다음부터는 세 가족이 자주 만나 운동도 같이 하고, 식사도 같이하며, 서로 집을 오가며 지냈습니다. 애들도 정이 들어 친조카나 딸처럼 따랐습니다. 비록 만난 지는 얼마 되지 않았지만 오래된 죽마고우같이 지냈습니다. 알고 보니 최 박사님도 대학을 서울에서 나왔으며 연배도 같아서 정서적으로도 소통이 잘되었습니다. 지내보면 볼수록 다정다감하고 매너도 좋은 국제 신사 같았습니다. 요리 솜씨도 일품이었습니다. 연어가 올라오는 계절에 우리를 초대해서 대접해 준 연어요리는 내가 이 세상에서 맛본 것 중에 최상이었습니다. 최 박사님 부부는 연령 차이가 10년 이상 났습니다. 젊고 예쁜 마누라와 살고 있어서 그런지 아내 사랑도 타의 추종을 불허했습니다. 마누라를 어느 정도 사랑하느냐 하면, 아침에 침대에서 일어나 마누라가 행여 깰까 봐 산속에서 운무가 숲을 빠져나가듯 침대이불을 빠져나온다고 했습니다. 침대에서 나와 부엌으로 가서 마누라가 좋아하는 모닝커피를 끓인 다음, 두 잔을 들고 2층으로 올라가 마누라가 잠들어 있는 침대 2m 전방에서 손바람으로 커피 향을 잠자고 있는 마누라 코를 향해 보낸다고 했습니다. 커피 향을 맡은 마누라는 꿈속의 공주처럼 눈을 비비며 "굿-모닝" 하면서 아침 첫 뽀뽀를 한다고 했습니다. 얼마나 시적이며 회화적입니까? 이 말을 듣고 김 교수님과 나는 머리를 숙여 경하해 주었습니다. 뿐만 아니라 그 다음부터는 우리도 그렇게 하려고 흉내를 내며 살고 있습니다.

그렇게 즐겁게 몇 개월을 지냈습니다. 사람 만나기를 꺼리던 최 박사님도 우리를 만나면서 다른 사람들과도 자연스럽게 어울리게 되었습니다. 꿈같은 시간이 지나 김 교수님 가족이 먼저 연수를 마치고 귀국길에 올랐습니다. 나도 연수 기간이 끝나게 되어 귀국할 날을 기다리고 있었습니다. 1년 동안 정들었던 아름다운 도시 시애틀을 떠나자니 아쉬움이 많이 남았습니다. 그동안 사귀었던 지인들이 섭섭하다며 주말마다 초대해 주었습니다. 분에 넘치는 진수성찬을 대접받았습니다. 그분들께 다시 한 번 감사를 드립니다. 귀국을 일주일 앞둔 어느 날, 우리는 최 박사님 가족을 우리가 살고 있던 작은 아파트로 초대했습니다. 그동안 우리를 보살펴준 은혜에 조금이라도 보답하기 위해서 마련한 자리였습니다. 음식점에서 대접할 수도 있었지만 정성을 보이고 자유스럽게 얘기도 더 나누기 위해서 어려움을 무릅쓰고 집으로 초대했던 것입니다. 식사를 마치자 선이 엄마가 눈물을 흘리며 며칠 사이에 생긴 일들을 털어놓았습니다.

우리가 처음 만날 때만 해도 어느 부자 못지않게 살던 사람이 몇 개월 사이에 큰 변화가 온 모양이었습니다. 내용을 들어보니 최 박사님이 벌였던 사업이 잘못되어 하루아침에 전 재산을 잃게 되었다는 내용이었습니다. 이제 끼니를 걱정해야 하는 어려운 지경에 놓인 모양이었습니다. 이야기를 듣고 나니 남의 일 같지 않게 마음이 무거웠습니다. 사정이 하도 딱하여 얼마 되지는 않지만 우리 집에 여윳돈이 조금 있으니 그거라도 쓰라고 했습니다. 최 박사님은 마음은 고맙지만 다른 곳에서 알아보고 있다며 정중히 거절했습니다.

그날 밤 우리는 이별의 포옹을 하고 다음에 또 만나자는 약속을 하며 석별의 정을 나누었습니다. 아름답게 헤어지기를 바랐는데 그날은 마음이 많이 아팠습니다. 최 박사님 가족과 헤어지고 이틀이 지난 날이었습니다. 초대받은 지인 집에서 최 박사님 가족이 지난 밤에 어디론가 떠났다는 소식을 들었습니다. 순간 맑고 상냥했던 아이들이 눈에 어리며 눈물이 왈칵 쏟아졌습니다. 만남의 인연이 슬프기만 했습니다. 그 후로 강산이 두 번이나 바뀔 수 있는 세월이 지났습니다. 지금은 어디에서 어떻게 살고 있는지 사랑스럽던 선이는 잘 자라서 행복하게 살고 있는지 최 박사님 가족이 그립습니다. 산다는 게 다 뭔지 먼 하늘에 흘러가는 구름을 보며 최 박사님 가족을 생각해 봅니다.

죽는 날까지 감사하며 살렵니다

감사해야 할 사람이 있다는 것은 참 아름다운 것입니다. 감사한다는 것은 누군가로부터 도움을 받았거나, 은혜를 입었거나, 사랑을 받은 것에 대한 마음의 표시이기 때문에 말 자체보다 말 속에 숨어 있는 의미가 더 아름답습니다. 이 세상 누구나 알고 보면 서로 도움을 주고받으며, 서로 은혜를 입고, 서로 사랑하며 살고 있습니다. 그러니 감사해야 할 일이 얼마나 많겠습니까? 매일 매 순간 감사하며 살아도 다하지 못할 것입니다. 사람뿐만 아니라 내 주위에 있는 만물도 감사해야 할 대상입니다. 내가 먹고 마시고 이용하고 쓰는 모든 것들이 다 감사해야 할 것들입니다. 어느 하나 소홀히 할 수 없는 것들입니다. 길섶에 자라나는 풀 한 포기, 굴러다니는 돌멩이 하나도 다 감사해야 할 것들입니다. 감사해야 할 것들이 너무 많아 글로 이루 다 쓸 수 없음을 안타깝게 생각합니다. 오늘 이 순간까지 내가 이렇게 살 수 있는 것은 모두 내 이웃들의 도움이 없었다면 불가능했을 것입니다.

나를 낳아주시고 길러주신 부모님은 물론이거니와 옆에서 지켜봐주신 친인척 및 이웃, 친구, 동료, 스승님들께 머리 숙여 감사합니다. 나에게 못되게 굴었던 이웃들, 어린 마음에 상처를 주었던 선배님들, 감언이설로 나를 속였던 오다가다 만난 사람들 모두에게 감사합니다. 발부리가 걸려 나를 넘어지게 했던 돌멩이들, 눈퉁이가 밤송이만큼 부어오르게 했던 땅벌들, 밤새 못살게 굴었던 모기들, 내가 뛰놀던 들, 강, 산 그리고 파란 하늘과 눈, 비, 바람, 파도, 내가 보고 만지고 느꼈던 모든 것들에게 감사합니다. 이 모두가 오늘 내가 풍파를 이겨내며 존재케 한 나의 훌륭한 스승이었기에 감사합니다.

초등학교에서부터 대학을 나올 때까지 같이했던 수많은 친구들에게 감사합니다. 웃고 울고 경쟁하고 시기하며 싸우며 자라왔지만 모두가 오늘 내가 있게 한 분들입니다. 당시에는 패주고 싶을 정도로 얄미운 친구도 있었고, 형제보다 더 친한 친구도 있었습니다. 자주 손이 맞다 보니 싫고 나쁜 친구들도 있었을 것입니다. 이제 다 용서하고 감사할 뿐입니다. 사회에 나와 만난 수많은 인연들도 많이 있습니다. 오다가다 우연히 스친 인연들, 지인들의 소개로 만나 알게 된 인연들, 공동의 목적을 위해 만나게 된 인연들, 모두 사랑하며 감사합니다.

많이 부족한 사람을 스승으로 생각하고 따르며 존경해 준 제자들에게 감사합니다. 30년 넘게 강단에서 말로 밥 벌어 먹고 살았으니 제자들이 한둘이 아닙니다. 강산이 세 번 변하는 시간을 겪으며 기쁘고 슬펐던 일들이 셀 수 없이 많습니다. 철따라 소식 전하고 만나면 반가워 발을 구르던 제자들에게 감사합니다. 때로는 나를 아버지라 부른 학생들도 있었습니다. 어떤 제자는 나를 위선자라고 했습니다. 어느 제자는 나를 자기의 이상의 남자라고 했습니다. 어느 제자는 고향에서 가지고 온 참기름을 선물하기도 했습니다. 어느 제자는 음료수 한 병을 주기 위해 연구실 앞에서 한 시간 이상을 기다리기도 했습니다. 어느 제자는 내가 강의하는 모습을 사진에 담아 앨범을 제작하여 선물하기도 했습니다. 어느 제자는 강의시간마다 음료수를 몰래 가져다 놓았습니다. 집안 형편이 어려워 소리 없이 학교를 그만둔 제자도 있었습니다. 재학 중에 부모님을 잃은 제자도 있었습니다. 부모님이 하시던 사업이 부도나 어려움을 겪은 제자도 있었습니다. 그러나 지금은 모두 열심히 살고 있다는 소식을 전해 옵니다. 며칠 전에는 졸업한 지 30년이 된 제자 네 명이 찾아왔습니다. 나이가 지긋이 든 믿음직한 아줌마(?) 제자들이었습니다. 감회가 남달랐습니다. 날 싫어하는 제자들도 있었을 것입니다. 모두 진심으로 감사합니다.

동고동락했던 동료들이 있습니다. 때로는 서운했고 얄미웠고 원망도 했지만 어려움에 처하면 가장 먼저 달려와 위로와 희망을 주는 이도 또한 동료들이었습니다. 애정이 큰 만큼 기대도 컸기에 실망한 적도 있었습니다. 한 솥에 있었기에 부딪히는 것이 많아서 그랬을 것입니다. 지나고 나니 그게 다 내가 성실하게 살 수 있도록 자극이 되었으니 감사해야 할 분들입니다.

감사하는 마음을 가지면 가질수록 내 인생은 손해 보지 않은 장사라는 생각이 듭니다. 그동안 나를 괴롭혔던 수많은 사람과 사건들이 알고 보니 다 나의 큰 스승이었습니다. 젊어서 들어야 했던 많은 꾸중들이 사람되라고 하셨던 귀중한 말씀이었습니다. 나이를 들면서는 선생이라는 직업 때문에 젊은이들로부터 오히려 덕을 보고 살았습니다. 베풀고 살아야 할 나이인데도 오히려 더 많은 신세를 지고 살고 있습니다. 내가 베푼 것이라고는 들어도 그만 안 들어도 그만인 서푼도 안 되는 잡설뿐입니다. 직업이 훈장이다 보니 말로 주고 은혜를 받으며 살았습니다. 되로 주고 말로 받은 것입니다. 이 순간도 주위 분들께 신세를 지며 살고 있습니다. 죽는 날까지 감사하며 살아도 다하지 못할 것 같습니다. 세상이 다하는 그 순간까지 모든 분과 모든 것들에게 감사하며 살겠습니다. 감사합니다.

Ⅱ 사랑

Image 00-1 Oil Canvas 72.7×60.6cm

막걸리 한 잔의 인연

유달리 좋아하던 대학 후배가 있었습니다. 몇 번 낙방도 하고, 군대도 다녀와서 학교에 다니다 보니 같이 수업을 듣던 후배들과 연령 차이가 많이 났습니다. 연배가 많다는 이유로 후배들로부터 형! 형! 소리를 들으며 학교에 다녔습니다. 학교를 졸업하고 직장을 다니던 어느 무더운 여름날, 그 후배로부터 전화가 걸려왔습니다. 참한 사촌누나가 있는데 소개시켜 주고 싶다는 전화였습니다. 내가 사귀고 있는 여자 친구가 없다는 것을 알고 있던 후배가 나를 믿고 소개하는 것이었습니다.

전화를 받고 일주일이 지난 일요일에 우리는 종로 5가에 있는 자그마한 다방에서 만났습니다. 서로 믿는 구석이 있어서인지 처음 만나자마자 자연스럽게 소개하고 대화를 나눴습니다. 그녀는 국문학을 전공하고 모 잡지사의 기자라고 소개했습니다. 그녀는 기자답게 조리 있고 똑 부러지게 자기 의사를 표현하였습니다. 겉모습은 군살은 찾아보기 어려울 정도로 깡마른 몸매에 아담하고 당차게 생겼으며, 이목구비는 모난 데 하나 없이 잘 정돈되어 있었습니다. 사대문 안에서 낳고 자라서인지 깔끔하고 흐트러짐 없는 몸가짐은 궁중의 여인처럼 청아해 보였습니다. 가족은 부모님이 아들을 낳기 위해 계속 낳으시다 보니 딸 아홉에 아들 하나라고 했습니다. 그녀는 1남 9녀 중 넷째 딸이었습니다. 그리고 맨 마지막이 남자 동생이라는 것을 강조하듯 말했습니다.

커피를 마시며 간단히 인사를 나누고 날씨도 좋으니 교외로 나가자고 했습니다. 그녀도 쾌히 승낙했습니다. 종로 5가 다방에서 만났으니 그곳에서 버스를 타고 나갈 수 있는 가장 가까운 시 외곽이 태릉이었습니다. 가을이 가까워지면 태릉 근처에는 배나무 밑에 돗자리나 평상을 놓고 손님에게 배를 파는 배 밭이 많았습니다. 배 외에도 커피나 소주, 맥주 및 동동주를 팔기도 하였습니다. 다방을 나와 태릉행 버스를 타고 태릉으로 향했습니다. 주말이라 태릉행 버스는 만원이었습니다.

만원버스에 시달리며 태릉에 도착한 우리는 전망이 좋은 배 밭을 골라 들어갔습니다. 주인아주머니가 친절하게 인사를 하며 배나무 밑에 깔아놓은 자리로 우리를 안내했습니다. 배 밭에 자리한 우리는 근처 배나무에 달려 있는 배를 몇 개 골라서 땄습니다. 손님이 원하는 배를 직접 따서 먹을 수 있었습니다. 잘 익은 것 같은 예쁜 배를 골라 깎아 먹었습니다. 배는 꿀처럼 달고 맛있었습니다. 마침 막걸리도 팔고 있기에 배를 안주 삼아 한 되를 시켜 마셨습니다. 주거니 받거니 하다 보니 마치 오래된 연인처럼 느껴졌습니다. 지금 그 내용은 기억나지 않지만 많은 이야기를 주고받았습니다.

나도 객지에 나와 인생의 내공이 쌓여 말이 많았는데 그날은 내가 주로 경청을 하고 그녀가 대화를 주도해 나갔습니다. 물론 직업이 기자라 그런지 몰라도 다방면에 박학다식했으며 최근에 일어났던 사건 사고에 대한 이야기가 끝없이 이어졌습니다. 그날 그 자리에서 막걸리 한 되를 둘이 나눠 마시고 돌아올 때는 정신이 좀 야릇했는지 자연스럽게 손을 잡고 걷기도 하였습니다.

그날 이후 가끔 전화를 주고받는 데까지 발전했습니다. 내가 집에 없을 때에는 내 여동생에게 전화하여 대화도 나누고 언니 동생하며 지냈습니다. 짧은 시간이었지만 오빠와 같이 자취하며 학교에 다니는 내 동생을 언니의 입장에서 충고도 많이 하고 힘들 때 위로도 해주었던 모양이었습니다. 퇴근 후 집에 들어가면 학교에서 돌아온 동생이 언니한테 전화왔다고 알려주며 입에 침이 마르도록 칭찬을 해댔습니다.

그러나 인연이란 하늘이 맺어주는 것인지 뜻대로 되지 않았습니다. 무슨 운명의 장난인지 아니면 신의 시샘인지 그녀와 저녁 약속을 하면 우연히 같은 부서에 근무하던 이 양(지금의 와이프)이 같이 저녁을 먹자며 청하는 경우가 몇 번 있었습니다. 같은 직장을 다니다 보니 어느새 정이 들었는지 이 양의 제안을 거절할 수 없었습니다. 이 양과 간단하게 저녁을 마치고 부랴부랴 약속장소로 달려갔습니다. 헐레벌떡 뛰어서 약속장소에 도착해 보면 언제나 시간이 좀 늦었습니다. 많이 늦지 않았는데 도착해 보면 그녀는 자리에 없었습니다. 아마도 남자가 늦게 나오는 것에 자존심이 상했던 모양입니다. 요즘처럼 휴대폰이 있었다면 이런 일은 없었을 것입니다. 물론 모든 책임은 내게 있었습니다. 그 뒤로 만남이 뜸해졌습니다.

어느 날 퇴근해서 집에 돌아와 보니 두툼한 편지 한 통이 내 앞으로 도착해 있었습니다. 발신인을 보니 그녀였습니다. 그동안 몇 개월 만났던 내용과 그녀의 감정을 기자답게 잘 정리하여 쓰여 있었습니다. 그리고 끝 부분에는 그럴 수 있느냐며 섭섭하다는 내용이었습니다. 마치 내가 매정하게 떠난 파렴치한 사람으로 오해할 수 있는 내용이었습니다. 옆에 있던 동생이 편지를 읽어보고는 그 언니 좋은데 왜 만나지 않느냐며 원망하는 눈치였습니다. 동생과 그녀는 일면식도 없었지만 몇 차례의 전화통화로 동생이 좋아하는 언니가 되어 있었습니다. 그런 언니와 헤어져야 한다는 생각에 나보다 더 섭섭해했습니다.

그러나 인연은 아니었던 것 같았습니다. 그 후로 친하게 지내던 후배와도 소원해지게 되었습니다. 반세기가 다 지난 지금 하늘을 두고 맹세하지만 내 죄라면 그녀와 태릉 배 밭에 앉아 다정히 막걸리 한 잔 나눈 것과 몇 차례 만나 데이트한 죄밖에 없습니다. 지금도 가끔 태릉 쪽을 지날 때면 친절했던 후배와 그녀의 생각으로 엷은 미소가 얼굴에 깊은 골짜기를 만듭니다.

후배님! 연락이나 한 번 하소?

11

바보 같은 놈

지금도 똑똑한 사람은 아니지만 어린 시절 남이 보기엔 나는 참 바보 같이 보였던 모양입니다. 걸핏하면 "바보 같은 놈" 소리를 듣고 자랐으니 말입니다. 특히 내가 존경했던 당숙께서는 심부름을 잘 못하거나 하는 일이 마음에 들지 않으시면 바로 "이 바보 같은 놈!"이라고 하셨습니다. 그 당시에는 하도 들어서 별생각 없이 받아들였습니다. 당숙께서는 우리 집안의 최고 어른이셨고 어른으로서 그 역할을 충분히 하고 계셨습니다.

요즘에야 당숙이 거의 남과 같은 존재가 되었지만 당시 당숙께서는 저같이 5촌이 넘는 조카들까지도 모두 당숙 집에서 학교에 다니게 하셨습니다. 잘사시는 것도 아니었으며 자신의 아이들(나와 6촌지간)도 8남매나 되었으니 나 같은 조카들을 집에 두고 공부하게 하신 것을 보면 대단한 분이셨다는 생각이 듭니다. 어린 눈으로 봐도 당숙의 위용이나 윗분으로서 집안일을 처리해 나가시는 일거수

일투족이 위엄 있어 보였습니다. 그러기에 윗분들이 어린애들에게 "바보 같은 놈" 하는 것은 불평이 있을 수 없었던 것입니다.

어느 날 동생들과 놀고 있는데 당숙께서 나에게 "이 바보 같은 놈!" 하시면서 꾸중을 하셨습니다. 조금 전에 심부름으로 사왔던 물건이 마음에 들지 않으셨던 모양이었습니다. 지금까지 아무 느낌 없이 '바보 같은 놈'으로 살아오던 내가 동생들 앞에서 그런 말을 듣자 처음으로 창피함을 느꼈습니다. 바보에게도 자존심이 있었던 모양입니다. 그 다음부터는 '바보 같은 놈' 소리를 듣지 않으려고 많은 노력을 했습니다. 시험성적이 나빠도 바보 같은 놈, 동생들과 말다툼을 해도 바보 같은 놈, 나쁜 친구를 사귀어도 바보 같은 놈, 물건을 조금 비싸게 사도 바보 같은 놈, 남 앞에 똑 부러지게 말을 못해도 바보 같은 놈, 좌우지간 당숙 마음에 들지 않으면 "바보 같은 놈"이었습니다. 물론 나만 그렇게 야단맞는 것은 아니었습니다. 모든 사람이 당숙 앞에서는 '바보 같은 놈'이었습니다. 서울에서 명문대학을 다니던 6촌 형님(당숙의 큰아들)이 방학 때 집에 내려왔습니다. 그 형님은 우리 모두에게 부러움의 대상이자 자랑거리였습니다. 당숙께서는 뭐가 맘에 들지 않으셨는지 대학생인 형께도 '이 바보 같은 놈!' 하시는 것이었습니다. 형님도 그런 말을 많이 듣고 자라서 그런지 별반응 없이 그냥 웃을 뿐이었습니다.

어느덧 당숙의 연배가 된 내가 제가(齊家)를 얼마나 잘하고 있는지 생각하면 당숙의 발의 때만도 못하다는 생각이 듭니다. 변변치 못하게 근근이 살고 있는 내 모습을 하늘에 계시는 당숙이 보시며 '바보 같은 놈' 하며 나무라시는 것 같아 부끄럽습니다. 물론 당숙께서 "바보 같은 놈"이라고 하신 것은 세상에 필요한 사람이 되라는 강한 기대감을 그렇게 표현하셨을 것입니다. 조카들이 커서 서울에서 대학을 다니고 있습니다. 그런 조카들을 집에 데려와 같이 살 수 있을까? 어림도 없는 생각입니다. 우선 내 집사람이 먼저 반대할 것입니다. 친조카도 아닌 재종 조카를 집에 두고 학교에 다니게 하는 일은 절대 없을 것이라는 생각이 듭니다.

지금 생각하면 당숙보다 당숙모가 더 현명한 분이 아니셨나 생각합니다. 아무튼 나는 어려서부터 '바보 같은 놈'이었기에 지금도 바보로 살고 있는지 모릅니다. 바보든 못난 놈이든 다 좋습니다. 요즘에도 힘들고 외로울 때면 '바보 같은 놈' 소리가 그리워집니다.

손에 로션(lotion) 발라주는 제자가 있어 행복합니다

대부분의 사람들은 행복하게 살기를 원합니다. 나도 예외는 아닙니다. 더 높은 지위에 오르길 바랍니다. 더 많은 부를 누리고 싶어 합니다. 더 멋진 집을 소유하고자 합니다. 집사람이 들으면 섭섭하겠지만 오드리 헵번이나 클레오파트라, 양귀비 같은 미인을 아내로 두고 싶은 게 솔직한 심정입니다. 김연아, 박인비, 박지성, 싸이 같은 아들이나 딸을 두고 싶습니다. 그러나 그런 아들이나 딸을 갖는 것이 쉽지는 않습니다. 로또복권에 당첨되는 것보다 더 어려운 일입니다. 이루어지기 힘든 소망일 뿐입니다. 그런 아들이나 딸이 없다고 해서 불행하다는 것은 아닙니다. 불행할 필요도 없습니다. 유명한 사람이라고 해서 보다 더 행복하다는 법은 없으니까요. 오히려 더 불행할지도 모르는 일입니다. 그 명성을 지키고 거기에 걸맞은 생활을 하기 위하여 보통 사람으로서는 알 수 없는 불행한 일들이 그들에게는 있는지 모를 일입니다. 그들의 노력과 명성은 부러워하되 그들의 삶을 부러워할 이유는 없습니다. 물론 모든 유명인사의 삶이 불행하다는 것은 아닙니다. 다만 우리가 알고 있는 명성만큼 행복도 비례하지는 않다는 뜻입니다.

옛날 어른들이 하시는 말 중에 "배부르고 등 따듯하면 행복하다"는 말이 있습니다. 천상병 시인은 "집이 있어 행복하고, 마누라가 있어 행복하고, 대학을 나와 행복하고, 막걸리를 마실 수 있어 행복하다"고 했습니다. 이 기준으로 보면 나는 분명 행복합니다. 나는 아직까지 건강이 좋은 편이고, 큰돈은 없지만 막걸리는 마음만 먹으면 얼마든지 마실 수 있고, 보통 육십 전에 직장을 그만두는데 나는 육십이 넘어서도 직장에 다니고 있으니 그냥 행복한 것이 아니라 엄청 행복한 사람입니다. 행복한 삶이 그리 어렵지 않게 느껴집니다. 모두가 삶의 목표로 삼고 추구하는 행복이란 그렇게 멀리 그리고 높은 곳에 있는 것이 아닙니다. 된장찌개에 막걸리 한 잔을 들면서 행복할 수도 있습니다. 잘 먹고, 보란 듯 잘살면서도 행복의 근처에도 가보지 못하는 사람들은 많습니다.

하고자 하는 것이 많으면 해야 할 일도 많은 법입니다. 그것이 불행의 시작입니다. 그런데도 그런 것을 원합니다. 가져보지 못한 사람의 자기변명이라고 할지 모릅니다. 불행해도 좋으니 한 번 유명해지고, 부자도 되어봤으면 좋겠다는 사람들이 많습니다. 그러나 그 길만이 행복한 생활을 할 수 있는 최고의 방법은 아닙니다. 공자나 맹자 같은 분들은 행복과 즐거움을 명예나 부에 두지 않았습니니다. 안빈낙도(安貧樂道)라 하여 마음을 다스리는 정신적인 면에서 행복을 구하려고 했습니다. 물론 서양에서도 물질의 만족에서 행복을 추구하지는 않았습니다. 시대와 환경에 따라서 행복의 기준이 다른 것은 사실입니다. 행복이란 만족한 삶이 아니라 부족하지 않은 여유(餘裕)에서 잠시 맛보는 심리적인 만족감을 뜻하는 것이 아닌가 생각합니다. 주어진 시간과 공간 속에서 개인이 누릴 수 있는 삶의 여유를 찾음으로써 행복이 존재한다고 생각합니다.

바람이 싸늘한 늦은 가을날 수업을 하다가 중간에 잠시 쉬는 시간이었습니다. 수업 중에 들었던 내용을 잘 모르겠다며 질문하는 학생에게 다가가 설명을 해주었습니다. 설명이 끝나자 그 학생은 교수님 손이 까칠하다며 자기가 바르던 로션을 내 손에 발라주었습니다. 내 피부는 찬바람이 불면 까칠해지는 건성피부로 어려서부터 머슴 손이라는 애기를 많이 들었습니다. 가진 것도 많지 않고, 명성 또한 보잘것없지만 교수님 손이 까칠하다며 손에 로션 발라주는 제자가 있기에 나는 참 행복한 사람입니다.

13

사랑은 유치할수록 아름답다

누구나 사랑이라는 말만 들어도 가슴이 울렁거리고 피가 끓는 듯하던 시절이 있었을 것입니다. 요즘은 성이 많이 개방되어 어린애들이 순진한 노인네 놀리는 세상이 되었으니 격세지감을 느끼지 않을 수 없습니다. 몇 년 전만 해도 남녀가 손을 잡고 거리를 다니려면 용기가 필요했습니다. 그러나 요즘은 거리에서 포옹하는 것도 심심치 않게 볼 수 있습니다. 늦은 밤에는 대중들이 많이 이용하는 공공 장소인 전철이나 버스 안에서도 19금 영화에서나 볼 수 있는 장면을 심심치 않게 구경할 수 있습니다. 대담한 용기(?)가 아니면 꿈도 꾸지 못했던 일들이 대낮 거리에서 벌어지는 것을 목격할 수 있습니다. 유치하기 그지없습니다.

젊은 세대를 많이 이해하는 입장에서 백 번 양보해 봐도 고깝게 보이는 때가 있습니다. 세대 차이에서 오는 소외일 수도 있습니다. 옛날 갓 쓰고 살던 사람들이 보면 아마 기절초풍할 것입니다. 민주주의국가에서 자기 밥 먹고 자기가 좋아서 하는 일인데 감 놔라 떡 놔라 할 일은 아니지만 다른 사람들 눈살을 찌푸리게 하는 행동이 썩 아름답게 보이지는 않습니다. 몇백 년 동안 가슴속에 숨어 있던 사랑의 표현이 한순간에 요동치는 파도가 되었습니다. 사랑은 마음속으로 하는 것이라고 배운 세대들에게는 가히 혁명적인 일이지만 오늘을 사는 젊은이들에게는 지극히 당연한 일인지도 모르겠습니다. 사랑도 세대에 따라서 그 표현 방식이나 평가가 다를 수 있는 증거가 아닐까요?

이루지 못한 인생의 꿈에 대한 미련은 쉽게 잊혀지지만, 이루지 못한 사랑의 흔적은 고래 등에 붙어 있는 따개비처럼 평생을 안고 사는 사람이 많습니다. 사랑하지 않고 살 수 없는 세상이지만 세상에서 가장 힘든 것도 사랑이라고 생각합니다. 사랑함으로써 지불해야 하는 대가를 감내하기 힘든 때가 있으니 말입니다. 나 자신도 사랑했던 여인으로부터 이별통보를 받고 죽음보다 더 심한 고통의 순간을 겪어 보았습니다. 가슴이 시리다 못해 찢어지는 아픔이었습니다. 여인이 한을 품으면 오뉴월에 서리가 내린다고 하지 않습니까? 그러나 사랑은 생명의 근원임에 틀림없습니다.

칭찬은 고래를 춤추게 한다고 합니다. 그러나 사랑은 고래를 뒤집어지게 합니다. 사랑은 춤을 추게 하는 정도가 아니라 무아의 경지로 인도합니다. 이게 사랑의 힘입니다. 그러기에 사랑을 하면 눈이 먼다고 하는 것 같습니다. 또 그렇게 뒤집어지는 맛에 사랑을 놓지 못하고 사는지도 모릅니다. 온몸이 뒤집어지니 사랑을 하면 눈도 멀고 귀도 먹고 판단이 흐려지는 것 같습니다. 사랑은 남녀노소를 막론하고 바보 천치로 만듭니다. 사랑은 바보 천치가 아니면 할 수 없는 것인가 봅니다.

이부자리 밑에서 나누었던 민망한 사랑의 표현이 이제 대로상으로 나온 느낌입니다. 이것이 우리 삶을 윤택하게 하고 우리를 행복케 한다면 얼마나 좋겠습니까? 그러나 나는 행복할지 모르나 우리 모두를 행복케 하지는 않다는 데 문제가 있습니다. 나는 어린애처럼 꾸밈없고 순수한 그런 사랑을 좋아합니다. 바로 유치한 사랑입니다. 사랑이란 때로 힘들고 어렵지만 우리 모두는 사랑으로 나서 사랑으로 죽습니다. 우리는 더욱 사랑하며 살아야 합니다. 죽어가는 것까지도 사랑하며 살아야 합니다. 그것이 우리에게 주어진 사명이기 때문입니다. 그것도 순수하게 말입니다. 사랑은 유치할수록 아름답기 때문입니다. (2013년 1월 1일)

제자가 지킨 약속

우리의 생활은 약속의 연속이라고 할 수 있습니다. 누구나 매일 매일 약속 없는 날이 없을 것입니다. 학자들은 인간이 다른 동물과 다른 점을 두 발로 서서 걷는다느니, 불을 사용한다느니, 문자를 가지고 있다느니, 이성을 가졌다느니 하지만 약속을 하고 지키며 사는 점도 동물과 다른 점이 아닌가 생각합니다. 사람의 삶은 약속으로부터 시작하여 약속으로 끝난다고 해도 과언이 아닐 것입니다. 커피 한 잔을 마시기 위해서 하는 사소한 약속부터 거사를 꿈꾸는 약속에 이르기까지 모든 인간의 삶이 약속의 연속이라 생각합니다. 삶을 살면서 수많은 약속을 하고 살지만 약속을 다 지키며 산다는 것은 무척 어려운 일입니다. 약속은 지켜야 할 서로 간의 예의입니다. 그러나 때로는 약속이 지켜지지 않는 경우도 많습니다. 얼마나 약속이 잘 지켜지지 않았으면 '약속은 깨기 위해 있는 것이다'라는 말까지 나왔겠습니까? 약속을 다 지키는 것은 대단한 일이 아닐 수 없습니다.

우리들이 겪는 스트레스의 많은 부분이 약속을 지키기 위해 생기는 것이라 생각합니다. 참석하고 싶지 않은 회의 약속, 달갑지 않은 사람과의 점심 약속, 빚쟁이를 만나기로 한 약속 등은 약속 자체가 스트레스입니다. 몸이 불편하여 쉬고 싶은데 약속 때문에 나가야 하는 경우 고통은 더합니다. 좋은 일이든 나쁜 일이든 약속은 약속입니다. 이를 무시하거나 지키지 않으면 신용불량자가 되고 맙니다. 부담스러운 약속은 하지 않고 살 수 있으면 좋으련만 현대를 살아가는데 약속 없이 살 수 있겠습니까? 아마 하루도 살기 힘들 것입니다. 국가와 국민과의 약속에서부터 일상적인 점심 약속에 이르기까지 약속 없이 이뤄지는 일은 거의 없습니다.

누구나 약속을 지킬 것인가 말 것인가를 놓고 고민해 본 경험이 있을 것입니다. 많은 경험을 통하여 이런 사실을 알게 된 뒤로는 거절하기 힘든 약속이나 꼭 해야 할 약속이 아니면 하지 않습니다. 간단히 한잔하자는 약속이나 지나가는 말로 하는 식사 약속 대신 어느 날 갑자기 전화하여 번개모임을 합니다. 시간이 맞으면 같이하여 부담 없는 시간을 갖거나 맞지 않으면 다음을 기약합니다.

약속이 적이지면 내 삶에 대한 자성과 반성을 하며 내면의 세계에 눈을 돌리는 시간이 많아집니다. 몸도 마음도 그만큼 여유를 갖게 됩니다. 소비도 그만큼 줄어듭니다. 그러니 일거다득이 아닐 수 없습니다. 만나서 헤어지기 섭섭해 하는 약속이 공수표 약속입니다. "그래, 우리 언제 한번 만나세", "언제 식사나 한번 하세", "전화할게", "언제 커피나 한잔 하세" 같은 공수표 약속을 하게 됩니다. 이런 약속을 믿는 사람은 없습니다.

인생의 대부분을 강단에서 살아온 나로서는 제자들과의 약속도 많이 있었습니다. 약속의 대부분은 학생이 일방적으로 하는 약속입니다. "교수님 언제 꼭 한번 찾아뵐게요." 그래 언제든지 찾아오너라. 나 역시 학창시절에 이런 약속을 하고 아직껏 은사님을 찾아뵙지 못한 경우가 있습니다. 비록 공수표 약속인 것을 알면서도 그런 날이 오기를 바라기도 했습니다. 그게 기다리는 사람의 심정이라 생각합니다. 이런 지나가는 공수표 약속이 지켜질 가능성은 명동에서 헤어진 친구 만나기보다 어려운 일이라는 것도 잘 알고 있습니다. 그래도 선생과 제자의 약속은 약속입니다. 날 아버지로 모시겠다는 제자도 있었고, 졸업 후 모년 모월 모일 모시에 교문에서 만나자는 편지를 보내와 그날 그 시 교문에 나가 혹시나 하고 기다렸던 기억도 있습니다. 민주화 운동을 하다 수배된 제자가 찾아오겠다는 약속도 있었습니다. 대부분 제자들이 일방적으로 하는 약속입니다. 이 외에도 이루 다 헤아릴 수 없는 약속 들이 있었습니다.

그 많은 약속 중에서 내 눈시울을 붉게 한 약속이 있었습니다. 몇 년 만에 제자로부터 연락이 왔습니다. 반가운 목소리로 "교수님 안녕하세요? 저 혜림이에요." 오랜만에 듣는 목소리인데도 익숙했습니다. 나도 반가워서 "혜림이 웬일이야? 잘 지냈어?"라고 몇 마디 인사를 나누었는데 혜림이는 다짜고짜 "교수님, 제가 교수님 회갑 챙겨드리기로 약속했는데 외국에서 살다 보니 못해 드려 죄송했어요. 다음 주 사모님과 제주도 여행 다녀오세요" 하는 것이었습니다. 순간 눈물이 날 정도로 고마웠습니다. 나는 제자의 고마운 마음만 받고 여행은 갈 수 없다고 고사했습니다. 전화를 끊고 한동안 이런 제자가 있다는 것이 행복하여 가슴이 뭉클하였습니다.

그리고 시간이 지나 잊을 만하던 어느 날 다시 전화가 왔습니다. 제주도 가시기 어려우시다기에 서울 시내 모 호텔에 예약을 해놓았으니 이번 주말 사모님과 같이 호텔 로비에서 뵙자는 것이었습니다. 의견을 물어보는 것이 아니라 일방적인 통보였습니다. 제자의 호의를 너무 고사하기도 어려워서 승낙했습니다. 승낙하니 나보다 제자가 더 기뻐하는 것 같았습니다.

약속한 날 호텔 로비에서 몇 년 만에 제자의 얼굴을 보니 마치 시집보낸 딸을 오랜만에 만나듯 눈물이 핑 돌았습니다. 인사를 마치자마자 예약된 방으로 안내해 짐을 놓고 서둘러 밖으로 나왔습니다. 오늘 프로그램은 식사 전에 영화를 보시고, 저녁 식사를 한 다음, 방에 와인 한 병을 준비해 놓았으니 드시고 주무시라는 것이었습니다. 혜림이는 영화관까지 길을 안내하고 재미있게 노시다 가라는 말을 남기고 집으로 갔습니다. 오랜만에 집사람과 호텔방에서 샴페인을 한 잔하며 신혼여행 온 기분으로 하루를 보냈습니다. 제자 덕에 뜻하지 않던 환갑여행을 했습니다. 잘 키운 자식 하나 열

자식 부럽지 않다는 말이 있듯이 열 제자가 부럽지 않았습니다. 요즘도 호선이 언니가 큰딸이고 자기는 둘째 딸이라며 때때로 안부를 묻습니다. 요즘 두 딸들 덕분에 세상 부러울 것이 없습니다. (2012년 12월 31일)

15

그 형에 그 아우

부전자전이라는 말은 들어봤어도 형전제전이라는 말은 문헌에는 없는 말입니다. 부전자전이란 뜻이 대대로 아버지가 아들에게 전한다는 의미이므로 형전제전이란 형이 대대로 아우에게 전한다는 뜻으로 유추할 수 있습니다. 형이 하는 일을 동생도 따라 한다는 의미로 좋은 일을 전하는 것이라면 좋겠지만 부전자전이 그러하듯이 형전제전도 좋은 일에 사용하는 일은 드문 것 같습니다.

어느 해 추석 전날 가족이 시골집에 모여 차례 음식을 만들고 있었습니다. 오랜만에 가족이 모여 화기애애한 분위기에서 차례 음식을 만들며 그동안 있었던 대소사에 대한 이야기를 주고받으며 즐거운 한때를 보내고 있었습니다. 화제가 여기저기 옮겨 다니다가 하나밖에 없는 제수씨가 결혼 전에 아우와 나누었다는 둘만의 대화를 화제로 올렸습니다. 제수씨가 이야기를 꺼내기 시작하자 심부름을 거들며 준비한 음식을 안주 삼아 기분 좋게 한 잔하고 있던 아우가 똥 싼 강아지 주인 눈치 보는 것처럼 안절부절못하는 것이었습니다.

아우가 제수씨와 데이트할 무렵, 아우는 사업을 한답시고 동분서주했지만 형편이 좋지 않았습니다. 이내 사업을 접고 매형의 사업에서 일을 거들고 있었습니다. 명색이 매형 회사에서 중역의 직함을 가지고 있던 동생은 매형이 타던 로열살롱을 몰고 제수씨를 만나러 다녔던 모양입니다. 겉으로는 유망한 청년으로 보였을지 모르지만 빛 좋은 개살구라고 실속은 그렇지 못했습니다.

어느 날 데이트를 하던 중 제수씨가 아우에게 "부모님은 뭐하시며, 당신의 취미가 뭐냐"고 물어본 모양입니다. 아우는 "부모님은 시골에서 농장을 경영하시며, 자기의 취미는 사냥이다"라고 대답했다고 합니다. 누구나 데이트할 때 할 수 있는 극히 평범한 질문과 대답입니다. 그러나 이 대답이 아우를 곤경에 몰아넣는 제수씨의 비장의 무기가 될 줄이야 그 당시에 알았겠습니까? 데이트 중에 하는 말은 어느 정도 세련되고 과장이 좀 있을 수 있습니다. 제수씨는 세상 물정을 잘 몰랐던지 아니면 눈에 콩깍지가 씌었던지 동생의 말을 믿었던 것 같습니다.

문제는 결혼하여 시댁에 와보니 제수씨가 보기에 농장이나 사냥과는 거리가 먼 것 같았습니다. 농장은 고사하고 몇 마지기의 논농사와 밭농사가 전부였으며, 취미가 사냥이라고 한 말은 매형이 쓰던 참새 잡는 엽총으로 가끔 참새나 산비둘기를 잡겠다며 산을 헤매는 것이 전부였습니다. 결국 아우가 좀 아름답게 표현한 말이 들통 나기 시작했습니다.

고래 싸움에 새우 등 터진다고 제수씨가 꺼낸 화제의 결말은 내게까지 미치게 되었습니다. 평소에 내게 감정이 있던 집사람이 이런 기회를 그냥 넘길 사람이 아니기 때문입니다. 나도 집사람과 데이트할 때 거짓말한 경력이 있기 때문입니다. 집사람과 처음 만나 데이트할 당시 집사람이 형제가 몇이나 되느냐고 묻기에 여동생 세 명과 남동생 둘이 있다고 가볍게 대답했습니다. 사실 여동생이 넷이고 남동생이 둘인데 여동생 넷이 좀 많은 것 같아 셋이라고 대답했던 것입니다. 둘이 결혼하게 되리라고는 미처 생각하지 못하고 그냥 무심코 대답한 것입니다. 그런데 무슨 운명의 장난인지 타고난 숙명인지 많은 우여곡절 끝에 결혼하게 되었고, 여동생이 셋인 줄로 알고 있던 집사람이 결혼 당시 여동생들에게 줄 예단을 세 개만 해보내는 바람에 하나가 모자라는 사건(?)이 발생했던 것입니다.

제수씨가 아우 흉을 보니 옆에 있는 마누라가 기다렸다는 듯 "그 형에 그 아우지 뭐! 부전자전(父傳子傳)도 아니고 형전제전(兄傳弟傳)인가?" 하며 제수씨를 거들었습니다. 마치 이 사이에 낀 참깨 씹는 맛을 다시는 듯 고소해했습니다. 이야기 진도가 여기까지 나가니 옆에서 묵묵히 듣고만 계시던 어머님이 심기가 불편했는지 아들 편을 들고 나섭니다. "지 복에 저 먹고사는 것이다. 너네들이 복이 없어 그런 남편 만났지 복이 있었으면 그런 남편 만났겠느냐?" 며 한 말씀하셨습니다. 이 한 말씀이 기고만장하던 며느리들의 기를 단칼에 꺾어버렸습니다. 왁자지껄하던 방 안에 잠시 어색한 침묵이 흘렀습니다. 두 며느리가 스트레스 좀 풀려고 서방 흉 좀 보았다가 시어머니한테 한방 얻어맞고 꿀 먹은 벙어리가 되고 만 것입니다. 태풍 전야 같은 침묵의 시간이 잠시 흘렀습니다. 후환이 두려웠던지 원인 제공자인 아우가 마침내 "그래 내가 잘못했다"며 분위기 반전을 위해 나섰습니다.

내가 여동생이 넷인데 셋이라고 한 것은 명백한 거짓말이기에 할 말이 없었습니다. 그러나 아우의 대답에는 어느 정도 일리가 있다고 생각합니다. 부모님이 시골에서 농사를 짓고 계셨지만 아버님은 농업고등학교를 졸업하시고 공직에 계시다가 퇴직해 고향에서 농사를 짓고 계신 분이라 보통 농촌 사람들이 하는 논농사나 밭농사 외에도 시골에서는 드물게 특용작물을 재배하셨습니다. 복숭아 과수원을 하셨고, 야산에는 천 그루가 넘는 밤나무와 감나무 대추나무 호두나무 등을 심어 특용작물을 재배하고 있었으니, 요즘 용어로 말하면 농장이라 불러도 그렇게 틀린 말은 아니었습니다. 취미가 사냥이라고 말한 것도 그 당시 시골에서야 참새 잡는 공기총만 있으면 사냥꾼 대접받던 시절이라 아우 입장에서 보면 과장은 좀 있다고 해도 새빨간 거짓말은 아니었습니다.

남녀가 사랑할 때 조금 과장하거나 아름답게 표현할 수 있다고 생각합니다. 데이트하면서 사랑하는 여인이 부모님은 뭐하시며 취미가 뭐냐고 묻는데 "촌구석에서 논 몇 마지기와 밭 몇 뙈기 짓는 농부이며, 취미는 들이나 산에서 참새나 비둘기 잡는 것이다"고 말하는 것이 사랑하는 사람 앞에서 해야 할 언어는 아니라고 생각합니다. 사랑의 언어로 표현하면 들이나 산에서 공기총으로 참새나 비둘기 잡는 것을 사냥이라고 표현할 수 있으며, 부모님이 일하시는 논과 밭을 현대적인 용어로 농장이라 표현하는 것이 과히 틀리지 않다고 생각합니다. 과연 아우의 말이 그렇게 잘못된 것인가요? 가재는 게 편이고 초록은 동색이라는데 나는 가재이고 아우는 게인가 봅니다. 그러나 "정직이 최선의 방책이다"는 격언은 진리임에 틀림없습니다. 아우! 집안의 평화를 위하여 앞으로는 진실만 말하고 사세나….

선생님의 명복을 빕니다

누구나 학창시절을 생각하면 죽기 전에 한 번쯤 꼭 뵙고 싶은 잊을 수 없는 선생님 한 분쯤은 있을 것입니다. 나를 좋아해서 잊히지 않는 선생님도 있고, 내가 좋아해서 잊지 못하는 선생님도 있습니다. 선생님으로부터 꾸지람을 자주 들었거나 매를 많이 맞았거나 인격적인 모독을 당해서 잊히지 않는 선생님도 있습니다. 아니면 선생님의 행동이나 말이나 별명이 특이해서 잊지 못하는 경우도 있습니다. 이런저런 이유로 우리 기억에 남아 있는 선생님들이 많이 있습니다. 이 글을 쓰고 있는 순간 주머니를 털어 어린 제자들을 가르쳤던 선생님 생각에 눈시울이 붉어집니다.

요즘에는 선생이라는 직업이 3D 업종이다 아니다 하며 말이 많습니다. 학부형들이 학교로 찾아가 제자들이 보는 앞에서 선생님을 구타했다거나, 심지어 가르치는 제자한테 구타를 당하거나, 제자와 스승이 같이 머리끄덩이를 잡고 싸움을 했다는 뉴스가 심심치 않게 매스컴에 보도되고 있습니다. 천인공노할 사건이 교단에서 벌어지고 있습니다. 군사부일체라 하여 스승의 그림자도 밟지 않는다는 가르침은 이제 호랑이 담배 먹던 옛 얘기가 되고 말았습니다. 제자가 스승을 고소하여 감옥에 가는 일도 있습니다. 옛날이라고 해서 학생의 인권이 없었겠습니까만 그 당시에는 학생들이 잘못할 경우 가차 없이 대가를 치렀습니다. 옛날 군대에나 있을 법한 벌칙들이 학교 교정이나 교실에서 있었습니다. 그 당시 선생님은 호랑이보다 더 무서운 존재였습니다.

나에게는 잊지 못할 두 분의 선생님이 계십니다. 한 분은 초등학교 6학년 때 담임선생님이셨던 이석우 선생님입니다. 그 당시야 먹고살기도 바쁜 때라 과외라는 것은 먼 나라 이야기에 불과했습니다. 집에 큰일만 있어도 등교하지 않는 애들이 많던 시절이었습니다. 타지로 진학하는 학생은 100명 중 10명 정도에 불과했습니다. 나는 당시 고향을 떠나 초등학교 2학년부터 졸업할 때까지 외가에서 다녔습니다. 6·25전쟁 직후라 학교라고 해봐야 덩그렇게 지어 놓은 교실과 대충 정리해 놓은 운동장이 전부였습니다. 교실도 모자라 저학년인 때에는 군용 텐트로 만든 교실에서 공부했습니다. 필기구가 없어 운동장에 나가 나무 막대기로 땅바닥에 글을 쓰면서 공부했습니다. 땅바닥에 글자를 쓴 다음 흙으로 덮어놓고 다른 학생에게 글자를 알아맞히게 하는 놀이였습니다. 막대기로 '어머니'라고 쓴 다음, 가는 모래흙으로 쓴 글씨를 덮어놓고 상대방에게 내가 쓴 글자를 알아맞히라고 하는 놀이입니다. 요즘 어린이들에게도 한번쯤 권장해 보고 싶은 놀이입니다.

선생님은 내가 5학년 때 우리 학교로 부임하셨습니다. 아주 젊고 잘생긴 분이셨습니다. 6학년이 되던 해에 선생님은 우리 담임선생님이 되셨습니다. 아주 열성적으로 공부를 가르친다는 소문이 자자했습니다. 그리고 호랑이 선생으로 소문이 난 분이셨습니다. 선생님은 도회지로 진학할 학생 5~6명을 모아 방과 후에 별도로 공부를 시키셨습니다. 날씨가 추운 날에는 선생님 댁으로 데리고 가서 따뜻한 아랫목에 앉히고 공부를 가르쳐주셨습니다. 선생님도 타향살이하는 신혼이라 방 한 칸에 사모님과 어린 아들이 살고 있었습니다. 우리들이 방에서 공부할 때 사모님은 아들을 등에 업고 밖으로 나가셨습니다. 그때는 공부하기가 싫어 고마운 생각보다는 왜 저렇게 사서 고생을 하실까 하는 어리석은 생각을 했었습니다. 선생님과 사모님의 크신 사랑을 깨닫게 되는 데는 많은 시간이 흘렀습니다. 선생님의 헌신적인 배려에도 불구하고 나는 중학교 시험에 실패하였습니다. 원하는 중학교에 입학하기 위해서 재수하기로 마음먹고 고향에 있는 초등학교 6학년으로 재입학하게 되었습니다.

몇 년 만에 고향에 돌아와 부모님이 해주시는 밥을 먹으며 학교를 다닌다는 것은 어떤 면에서는 행복했습니다. 그러나 친구와 학교 모두 낯설었습니다. 환경 또한 열악해 보였습니다. 똑같은 과정을 두 번 배우는 것이 내게 큰 도움이 되지 않는 것 같았습니다.

나를 담당하신 선생님은 한 선생님이셨습니다. 들뜬 마음에 기대를 하고 수업에 임했습니다. 그러나 한 선생님의 수업방법과 내용이 지난해 배웠던 이 선생님과 많이 달랐습니다. 학생을 대하는 자상함과 인자함이 너무도 달라 비교가 되었습니다. 게다가 수업시간에 문제를 풀다가 답이 틀려 학생들이 지적하는 경우도 자주 있었습니다. 그리고 질문하는 학생을 글로 표현하기 어려운 말로 나무라셨습니다.

참다못한 학생들이 급기야 교장선생님께 담임선생님을 바꿔달라는 의사표시로 반 학생들을 학교 근처에 있던 제각에 모이게 했습니다. 나는 이 사건의 주동자 역할을 하게 되었습니다. 사건은 한바탕 소란으로 끝나고 우리 소원은 이뤄지지 않았습니다. 주동을 했다는 이유로 선생님은 어린 내가 감당하기 힘든 잊지 못할 상처를 주셨습니다. 무슨 배짱에서였는지 당시 나는 당당하게 선생님께 대들었던 기억이 납니다. 지금에 와서 생각하면 생각할수록 부끄럽고 죄송한 마음 그지없습니다. 어찌 그때라고 섭섭하고 원망스럽지 않았겠습니까? 세월은 미움은 사랑으로, 원망은 그리움으로 변화시켜 아름다운 추억을 만듭니다. 선생님도 인간이기에 때로는 무례한 제자의 행동을 보고 감정적으로 대할 수도 있었을 것입니다. 그러나 이 세상 어느 선생님이 제자 잘못되길 바라는 사람이 있겠습니까? 생각하면 죄송스러운 마음에 얼굴이 붉어집니다. 제자 잘되라고 매를 들기도 하시고, 꾸중도 하셨을 것입니다. 그동안 품어왔던 미움과 원망이 용서를 넘어 사랑이 됩니다.

세월이 흐른 뒤 두 분을 찾아뵙고자 모교를 찾았습니다. 이 선생님은 후에 음주가 과하셔서 천수를 다하지 못하시고 타계하셨고, 한 선생님도 젊은 나이에 저세상으로 가셨다는 소식을 듣게 되었습니다. 잊지 못할 스승님 모두 세상을 떠나셨습니다. 두 분의 제자 사랑하는 방법은 달랐지만 목적은 같았을 것으로 이해합니다. 그리고 후회합니다. 내게 사랑과 미움이 주는 교훈을 주시고 삶의 지혜를 체험케 해주신 잊지 못할 두 스승님의 명복을 빕니다.

검단산을 오르며 사랑하며…

어떤 이는 아침에 일어나 화장실에 앉아서 하루 일과를 계획한다고 합니다. 나는 이른 아침에 산에 오르며 하루를 설계합니다. 산에 오르며 사색하고 일과를 정리하며 반성하고 내일을 생각합니다. 사랑과 덕은 더 많이 쌓고 악과 죄는 더 작게 저지르며 살자고 다짐하는 것도 아침 등산하는 시간에 많이 합니다. 남을 생각하기보다는 내 내면에 대해서 꾸중도 하고 반성도 하고 회개도 합니다. 인고의 쓴 기억 뒤에 오는 환희도 등산이 내게 주는 아름다운 체험입니다. 이 외에도 등산이 내게 주는 선물은 많습니다.

내가 자주 오르는 산은 집 앞에 우뚝 서 있는 657m 높이의 검단산입니다. 하남시를 묵묵히 내려다보고 아침이면 태양을 올려주는 곳입니다. 우측에는 한강이 흐르고 좌측에는 멀리 남한산성과 강남 일대가 보입니다. 동으로는 용문산, 서로는 남산이, 남으로는 내 고향의 아지랑이가, 북으로는 도봉산이 자리해 있습니다. 한강을 사이에 두고 예봉산이 손에 잡힐 듯이 마주 보고 있습니다. 1994년에 산과 강이 좋아 하남에 자리를 잡은 이래 20년 가까이 살고 있습니다. 입주할 당시에는 허허벌판에 덩그렇게 지어진 아파트가 처음 입어보는 새 옷처럼 어색하게 느껴졌습니다. 출근 한 번하려면 두 시간 정도 시달려야 하는 거리였습니다. 그래도 그런 어려움을 버티게 한 것은 검단산의 사계였습니다. 사람의 발자취가 거의 없는 산에 올라 자연과 함께한 시간은 기쁨이었습니다. 내가 사랑하는 나무와 바위와 오솔길들 그리고 내 손에 앉아 주는 먹이를 받아먹던 이름 모를 산새들 모두 나의 벗이요 사랑이었습니다. 등을 적시는 땀을 흘리며 오르고 있노라면 중턱에 나타나는 샘물은 나에게 생명수와 같은 것이었습니다. 한 주에 한 번은 기본이고 시간이 날 때는 일주일에 네 번도 오르고 내렸으니 눈을 감고도 검단산에 나 있는 길을 그릴 수 있을 정도가 되었습니다.

아는 친구들은 거의 다 검단산을 구경하게 했습니다. 그게 화근이 되었는지 요즘 검단산은 휴일도 없이 인산인해를 이룹니다. 산 곳곳에는 쓰레기로 몸살을 앓고 있습니다. 정상이나 휴식처가 될 만한 곳은 어김없이 술판이 벌어지고 있습니다. 산이 좋아서 오는 것인지 아니면 먹자판을 벌이려 올라오는지 아니면 한을 풀러 오는지 알 길이 없습니다. 왔다가 흔적 없이 가면 누가 뭐라고 합니까? 꼭 티를 내고 갑니다. 어른이나 아이 할 것 없이 다 그렇습니다. 샛길로 다니지 말라는 푯말이 곳곳에 있습니다. 그런데도 아랑곳하지 않습니다. 용기 충만한 국민입니다. 하지 말라면 더 하는 반항정신의 표상인지도 모르겠습니다. 반만년 살아오면서 겪었던 서러움을 그렇게 푸는지도 모를 일입니다. 아무튼 검단산을 사랑하는 한 사람으로서 아쉽습니다.

내가 처음 보았던 20년 전의 검단산은 젊었었습니다. 나도 그때는 좀 젊었던 것 같습니다. 산천은 의구하기를 바랐지만 검단산은 세월보다 더 빨리 늙어갔습니다. 산허리 여기저기에 힘줄이 많이 솟아나 있습니다. 할아버지 피부에 드러난 거친 핏줄과 같습니다. 20년 동안 매주 한 번 정도는 오르내렸으니 거의 천 번을 오르내린 셈입니다. 산을 그렇게 만든 주범 중 한 명임에 틀림없습니다. 반성합니다. 그래도 오르고 싶은 걸 어떡합니까? 미안한 마음에 요즘은 꼭두새벽에 빈손으로 살짝 다녀옵니다. 갈 때마다 정상에 꼭 올라야 한다는 마음을 비우고 산 중턱까지만 갔다가 올 때도 있습니다. 옹달샘에서 한 모금 물만 마시고 오거나 아니면 풀이나 나무와 몇 마디 말을 나누고 오기도 합니다.

산은 정상만이 산이 아닙니다. 계곡도 있고, 능선도 있고, 바위도 있고, 풀도 있고, 꽃도 있고, 새도 있고, 수많은 벌레도 있습니다. 산에 오르면 정상을 정복하겠다는 욕심을 비우는 데 20년이 걸린 셈입니다. 정상을 정복하겠다는 생각은 나의 착각이었습니다. 정상을 정복하겠다는 것은 인간의 허욕일 뿐입니다. 사람들이 정상을 정복했다고 해서 정상이 정복됩니까? 산 전체를 사랑하는 마음이 진정한 산 사랑으로 거듭납니다. 한 포기의 풀, 한 그루의 나무, 한 개의 돌멩이 모두 산입니다. 산을 사랑하는 사람치고 악인이 없다고 합니다. 산에 오르는 사람치고 추한 사람도 없다고 생각합니다. 산이 좋아 산에 오르려거든 먼저 산을 사랑하시길 바랍니다. (2013년 2월 1일)

18

형님과 각하

연전에 모 유명인사가 호형호제하며 지내는 사람이 몇천 명이 넘는다 하여 화제가 된 적이 있습니다. 혈연, 지연, 학연을 세계 어느 나라 사람보다 따지며 사는 국민이다 보니 피를 나누지 않은 사람이라 할지라도 마음이 통하고 친하게 지내게 되면 연장자를 형이라 칭하고 나이가 어린 사람을 아우라 부르는 일이 흔합니다. 호형호제하며 지내는 사람이 많다는 것은 그만큼 생활이 활동적이고 사교적이라는 것을 의미합니다.

모 인사처럼 몇천 명에는 못 미치지만 누구나 호형호제하는 사람 한둘씩은 있으리라 생각합니다. 동문 선배나 고향의 연장자에게 형이라 부르는 것이 자연스럽기도 하고 정감이 느껴지기 때문입니다. 좋은 것이 좋다고 형식적으로 또는 친밀감을 나타내기 위한 의도로 서로 형님 아우 하며 지낼 것입니다. 그러나 그중 피를 나눈 형제보다 더 친하게 형 아우 하며 지내는 분이 더러 있습니다. 연인처럼 믿고 의지하며 희로애락을 함께 나누는 그런 형님 아우도 있습니다.

내게도 호형호제 하며 지내는 사람이 몇 분 있습니다. 열 손가락으로 꼽을 정도지만 그중에 유독 다정하게 지내는 한 분이 계십니다. 꽃피는 봄날 복숭아 나무 아래서 형제결의를 한 것도 아니요, 그렇다고 지연이나 학연이 있는 것도 아니며, 피를 나눈 형제도 아닙니다. 언제 어디서 어떻게 만나기 시작했는지도 확실치 않습니다. 다만 같은 직장에서 근무하다 보니 자연스럽게 만나게 되었습니다. 만날 때마다 따뜻한 눈웃음과 살며시 잡아주는 손에서 느껴지는 감이 좋았습니다. 이심전심으로 서로 정도 들고 마음도 통하게 되었습니다. 외롭거나 어려움을 당할 때 항상 옆에 있어 주었습니다. 말 한마디를 해도 속 깊은 말로 위로와 용기를 주었습니다. 연배로 보면 나보다 두 살 위입니다. 객지 벗 10년이라고 두 살 터울은 서로 친구 사이로 지내도 되는 사이이지만 어쩐지 그렇게 지내기가 송구스러웠습니다. 매사 형님으로 모셔도 좋을 것 같은 생각이 들었습니다.

어느 날 둘이서 식사를 하게 되었습니다. 반주를 들다가 내가 그 분에게 일방적으로 형님으로 부르겠다고 선언했습니다. 아우로서 충분한 자격은 없었으나 형님이라고 부르고 싶었습니다. 그분은 승낙도 부정도 하지 않았습니다. 그저 빙그레 웃기만 하였습니다. 나의 일방적인 결정이었지만 그 후로 20여 년이 지났습니다.

형님은 아직까지 나에게 아우라고 부른 적이 한 번도 없습니다. 아직도 형님은 내가 미덥지 않은 모양입니다. 아우 대신 '각하'라고 부릅니다. 황공하고 외람되기 그지없습니다. 각하(閣下)라는 말은 높은 지위에 있는 사람에 대한 존칭의 하나로 보통 대통령을 부를 때에 사용합니다. 저와는 전혀 어울리지 않는 말임을 잘 알고 있습니다. 제가 입으로만 형님이라고 부르며 실제로 아우 노릇을 잘 못하니 하려면 잘하라는 무언의 질책으로 알고 있습니다. 비록 냉수를 떠놓고 피를 나누는 의식은 없었다 해도 한 사나이가 한 사나이를 형님으로 모시기로 한 것은 도원결의 못지않게 중요하다고 생각합니다. 장남인 내가 남에게 형님이라고 부르는 것은 쉬운 일이 아닙니다. 친구처럼 지내다가 형님이라고 부르려니 처녀 총각 맞선 보는 것처럼 어색하고 부자연스러웠습니다. 그러나 자주 부르다 보니 이제는 자연스럽게 형님이라고 부르게 되었습니다.

형님이 있다는 것이 이렇게 좋은 것인지 미처 몰랐습니다. 장남으로서 동생들 대할 줄만 알았지 형이 어떤 것인지 몰랐습니다. 그러나 이제 형이 어떤 존재인지 알게 된 것입니다. 아우들 위에 군림하고, 간섭하는 것이 형인 줄 알았습니다. 잘못 알아도 아주 크게 잘못 알고 있었던 것입니다. 슬플 때나 외로울 때면 찾아가 어리광을 부려도 따뜻하게 위로해 주는 분이 형님이었습니다. 시도 때도 없이 불러내어 도움을 청하고 충고를 듣는 것도 형님이었습니다. 형님이 이리 좋은 것인지 미처 몰랐습니다.

험한 세상에서 어느 누가 환갑진갑 다 지난 이 퇴물을 위로하며 맞아주겠습니까? 부모 형제도 못 믿는 세상에서 어느 누가 궂은일을 대신해 주겠습니까? 내가 한 개를 주면 형님은 두 개를 주십니다. 이런 남는 장사가 또 어디 있겠습니까? 웬만한 일은 내가 할 기회도 주지 않고 손수합니다. 좋은 사람을 만나면 소개해 주시지 못해 안달이 납니다. 내가 부탁한 것은 한 번도 거절해 본 적이 없습니다. 좋은 것은 내게 주고 나쁜 것은 본인이 떠안는 분입니다. 이런 우리를 보고 형수님은 둘이 연애한다고 합니다. 형님이 이렇게 좋은 것인지 일찍 알았다면 형님 몇 분 더 모실 것을 잘못했습니다. 대박도 이만 저만이 아닙니다. 만약 나보다 나이가 어렸더라도 형님으로 모셨을 겁니다.

형님의 만수무강을 빕니다. 형님을 위함이 아니요, 나를 위해서….

Ⅲ 추억

Image 87-9 Oil on Canvas 116.7×90.9cm

삶은 흘러가는 구름 같은 것

"삶이 이렇다는 것을 예전에 알았더라면 지금처럼 살지 않았을 것입니다. 알 만하니 인생도 저물어 갑니다. 인생이 뭔가를 깨닫는데 그렇게 오랜 시간이 필요했습니다. 지나고 보니 인생이 별거 아니네요."

어느 어르신의 삶에 대한 푸념입니다. 공감이 가는 명언입니다. 죽자살자 앞만 보고 달려온 지난날들을 생각하면 허망하기 그지없습니다. 인생이 뭔지 깨닫기까지는 적지 않은 세월이 필요했다는 말입니다. 그래도 그 어르신은 다행인지도 모를 일입니다. 나같이 둔한 사람은 그런 생각조차 없이 살아왔습니다.

명예와 부 그리고 권력을 찾아 불나방처럼 달려온 세월, 그 대부분 얻지 못해 아쉬움만 남습니다. 바라던 것을 얻었다고 한들 그게 끝이 아님을 아는 순간 다시 다른 불을 찾아 밤을 헤매는 불나방처럼 우리는 그렇게 불나방이 되었습니다. 모든 것 다 얻었다고 하루에 밥 열 끼 먹는 것도 아니고 백 년 천 년 살 것도 아닌데 발버둥 치는 꼴이 길가에 개미와 다를 게 없다는 것을 이제 알 것 같습니다. 고작해야 하루 밥 세 끼 먹고 그렇게 살다 가는 것이 인생입니다. 무위도식하라는 이야기가 아닙니다. 다만 조금 여유를 가지고 살라는 이야기입니다. 아등거리며 사는 사람이나 느긋하게 사는 사람이나 마지막으로 가는 곳은 한 곳입니다. 조금 늦으면 어떻습니까? 내가 다 못하면 또 어떻습니까? 내 후손이 있고 후배가 있지 않습니까?

나는 요즘 만나는 사람에게 아무리 바빠도 하루에 단 한 번이라도 하늘을 보는 여유를 갖고 살라고 말합니다. 이 글을 읽는 독자 여러분들께서도 지금 당장 하늘을 한 번 쳐다보시기 바랍니다. 해가 어디쯤 떠 있는지, 하늘이 어떤 색을 띠고 있는지, 얼마나 아름다운지, 그리고 맑은지, 흐린지, 구름은 어떻게 흘러가는지, 보는 곳이 남쪽 하늘이면 더욱 좋겠습니다. 하늘을 보고 있노라면 그곳에는 잊고 있던 고향도 있고, 그리운 친구도 있고, 어릴 적 추억도 있을 것입니다. 하늘은 아름다운 옛날로 당신을 데려다 줄 것입니다. 아름다운 미소가 얼굴에 그려질 것입니다. 기분이 울적하거나, 기분 나쁜 전화를 받았거나, 지금 하는 일이 짜증이 나면 잠시 일손을 놓고 하늘을 보시기 바랍니다. 어떤 보약보다 좋은 치료제가 될 것입니다. 시리고 아픈 마음이 아침 햇살에 안개 걷히듯 차분히 걷힐 것입니다. 맑으면 맑은 대로 흐리면 흐린 대로 위안이 될 것입니다.

나는 수시로 하늘을 바라봅니다. 하늘에는 세상만사가 다 있습니다. 착각이 아닌 현실이었으면 좋겠다는 생각도 합니다. 말없이 떠난 옛 애인의 모습이 있기도 하고, 짝사랑했던 정숙이가 나타나기도 합니다. 어릴 적 나를 그토록 괴롭혔던 종철이도 보이고 지금은 극락이나 천당에 계실 호랑이같이 무서웠던 옛 어르신들 모습도 보입니다. 그림이 조금은 조잡하지만 옛날 고향 냇가에 있던 큰 느티나무도, 옹기종기 모여 있던 아담한 초가집도, 감자 삶을 때 굴뚝에서 뭉게뭉게 피어오르던 연기도 모두 하늘에 있습니다. 고향의 풍경이 주마등처럼 지나갑니다. 비가 오나 눈이 오나 세월은 1분 1초도 쉬지 않고 줄달음을 칩니다. 인생은 연기처럼 재만 남기고 살아지는 것입니다. 바람처럼 지나가는 시간을 탓하지 말고 그 시간의 등을 타고 살아가는 지혜를 가지면 여유가 생기게 됩니다. 바쁘다는 생각을 기쁘다는 생각으로 바꿔보세요. 그러면 시간이 없다는 핑계는 아침 이슬처럼 사라질 것입니다.

아침 해를 머금은 구름은 첫사랑의 가슴
한낮 펼쳐진 구름은 내 님의 솜이불
석양에 너울대는 구름은 임의 환상
달밤에 속삭이는 구름은 내 마음의 노래
새벽에 떠도는 구름은 샛별들의 놀이터

짝사랑했던 순이
날 좋아했던 선희
꿈에서 봤던 묘령
어젯밤 카페에서 만났던 불여우
모두가 구름의 화신

저 갓 쓴 방랑객은
잰걸음으로 어디를 가는 걸까
임의 심부름 가는 중일까
아님 기다리는 연인을 만나러 가는 것인가

여보게 쉬엄쉬엄 가게나
세월이 빠르다고 자네마저 바쁜 건가
도착해 바라보면 모두가 허무한 것을
그렇게 서둘러 가는 이유를 묻고 싶네….

내 별명은 문둥이였다

언젠가 유명인과 예술가, 연예인의 본명이 화제가 된 적이 있었습니다. 지금은 고인이 되었지만 앙드레 김(Andre Kim)으로 잘 알려진 디자이너의 본명이 김복남이라는 것이 대표적인 예입니다. 과거에는 부모님의 소원을 이름에 담는 경우가 많았습니다. 잘살게 해달라는 의미에서 이름을 칠복이, 복만이, 만복이라고 부르거나, 천한 이름을 지어주면 장수한다고 하여 개똥이라는 이름으로 부르기도 하였습니다. 딸 부잣집의 경우에는 아들을 낳고 싶은 욕심에 딸의 이름을 끝순이, 톡털이, 성남이 등으로 지은 경우가 있습니다. 한때 이런 이름이 놀림의 대상이 된다 하여 개명하는 사람이 많이 있었습니다. 지구상에 있는 모든 사물은 다 그 나름의 이름을 가지고 있습니다.

사물이 하도 많아 그 이름을 다 안다는 것은 거의 불가능합니다. 대부분의 사람들은 자주 접하는 사물의 이름 정도만 알고 살아갑니다. 다 알지 못한다고 사는 데 큰 지장이 있는 것도 아닙니다. 이름을 모르는 꽃을 보면 "이름 모를 꽃"이라고 부르기를 주저하지 않습니다. 들에 피는 꽃은 '들꽃'이라고 하고, 산에 피는 꽃은 '산꽃'이라고 부르기도 합니다. 꽃이나 풀이 들으면 참 서운할 것 같습니다. 동물이나 새나 고기도 그 이름을 모르면 "그 뭐시냐"로 대충 넘어갑니다. 모든 사물의 이름이야 사실 사람들이 자기들의 의사소통을 위해 만든 그들만의 약속입니다. 나무들이, 풀들이, 동물들이 언제 자기 이름 지어 달라고 한 적 있습니까? 사람들이 필요해서 지었을 뿐입니다. 사람들 입맛에 맞게 이름을 짓다 보니 예쁜 이름도 있고 듣기에 거북한 이름들도 있습니다.

내가 알고 있는 풀 중에서 '애기똥풀'이라는 이름을 가진 풀이 있습니다. 여름철에 들에 많이 피는 꽃으로 샛노란 꽃이 그리 밉지 않습니다. 보기에 따라서는 여름에 핀 봄의 여신 같기도 합니다. 그런데 이름이 애기똥풀입니다. 잎이나 줄기에 상처를 내면 아기 똥같이 등황색의 즙이 나온다고 해서 붙여진 이름이라고 합니다. 사람들이 자기 입맛대로 붙인 아주 섭섭한 이름이라고 생각합니다. 그런데 한 나라 안에서도 지역에 따라서 다른 이름을 갖기도 합니다. 표준어로 민물새우를 일부 전라도 지방에서는 '새비'라고 부르기도 하고, 충청도 지방에서는 '새뱅이'이라고 부릅니다.

사람도 예외는 아닙니다. 한 사람이 여러 개의 이름을 가지고 있습니다. 공식적으로 쓰이는 본명(本名)이 있고, 어릴 때 부르던 아명(兒名)이 있으며, 본 이름 외에 부르는 자(字), 문인이나 학자, 화가들이 따로 지어 부르는 아호(雅號), 풍아(風雅)하고 아취(雅趣) 있는 아명(雅名)인 호(號), 이름을 피하고 벼슬 이름이나 시집 장가간 곳의 땅 이름을 붙여서 부른 택호(宅號), 임금·정승·유현들의 공덕을 기리어 죽은 뒤에 주던 이름인 시호(諡號) 등이 있습니다.

연예인들이 본명 외에 따로 부르는 예명(藝名)이 있고, 작가들이 문예 작품 따위를 발표할 때 쓰는 필명(筆名)이 있으며, 그 사람의 생김새나 버릇 따위로 지어 부르는 별명(別名)도 있습니다. 우리가 잘 알고 있는 공자(孔子)의 공(孔)은 성이고, 자(子)는 남자의 미칭으로 선생님 정도를 뜻하는 존칭입니다. 이름은 구(丘)이고, 자는 중니(仲尼)입니다. 조선시대의 문신이자 학자였던 이이(李珥)의 아명은 현룡(見龍)이요, 호는 율곡(栗谷), 석담(石潭), 우재(愚齋) 등이고, 시호는 문성(文成)입니다. 대한민국 초대 부통령을 지내신 이시영의 자는 성옹(聖翁)이고, 호는 성재(省齋), 본명은 성흡(聖翕)입니다.

능력이나 활동에 따라서 여러 개의 이름을 가지고 있던 사람도 있었습니다. 요즘은 위에서 열거한 다양한 이름들이 다 쓰이고 있지는 않지만 그래도 본명과 예명, 필명 및 별명 등은 아직도 많이 사용하고 있습니다. 강남 스타일을 부르며 말 춤으로 온 세계에 한류 열풍을 일으킨 가수 싸이의 본명은 박재상입니다.

나처럼 유명인이 아닌 사람도 본명과 호 그리고 별명 등 세 개나

가지고 있습니다. 본명은 내 의사와는 관계없이 지어진 이름인데 어머님의 증언에 따르면 이름 덕에 큰 인물이 되라고 그 어려운 해방 후 쌀 두 가마를 주고 지은 이름이라 합니다. 큰 쇠북을 바다에서 치면 그 소리가 널리 퍼지듯 그렇게 이름을 널리 알리는 사람이 되라는 의미로 지었다고 합니다. 이름대로 이뤄졌다면 얼마나 좋겠습니까? 그러나 아직까지 그런 기미가 없으니 이름을 지은 분에게 적선 한 번 잘한 것 같은 생각이 듭니다.

호는 두 개가 있습니다. 하나는 내 인생을 내 마음대로 자유롭게 살다가 가겠다는 뜻에서 스스로 자인(自人)이라고 지었습니다. 또 하나는 한학에 조예가 있는 지인이 지어준 도연(道然)입니다. 자연의 순리에 따라서 살아가라는 의미로 내 삶의 철학을 담아 지어준 것입니다. 물론 점심 한 번 사준 것으로 대가를 지불했습니다.

그리고 나의 별명은 문둥이였습니다. 문둥이라는 별명을 얻게 된 동기는 좀 측은합니다. 중학교 3학년 때 일이었습니다. 이발소에 가서 눈썹을 모두 밀어버렸는데 모든 유혹을 참겠다는 굳은 각오에서였습니다. 눈썹이 없으면 창피해서 밖에 나갈 수 없을 것이고, 그러면 집에서 공부만 할 수 있을 것이라는 단순한 생각에 그렇게 했던 것입니다. 다음 날 눈썹을 민 채 학교에 갔습니다. 눈썹을 밀고 나타난 나를 본 단짝친구가 붙여준 별명이 '문둥이'였습니다. 수십 년이 지난 어느 날 모임에서 오랜만에 만난 그 친구가 내 옆으로 다가와 손을 살며시 잡으며 조용한 목소리로 "문둥아"라고 부르는 것이었습니다. 나는 별명을 불러주는 친구를 바라보며 다정한 미소로 답했습니다. 친구는 내 손을 잡고 힘껏 쥐어주었습니다. 순간 지난 시절이 봄날의 아지랑이처럼 아물거리며 두 사람 사이를 이어주었습니다.

21

내가 살던 고향은 지금

정들면 고향이라고 하는데 반세기를 살고 있는 서울이 아직까지도 살갑지가 않습니다. 요즘도 꿈을 꾸면 고향에서 놀던 꿈을 꾸고 있으니 아마 뼛속까지 친고향인가 봅니다. 아무튼 나이가 들어가면서 고향의 냄새가 더욱 진하게 느껴집니다. 두 번 다시 가고 싶지 않을 법한 고향이지만 잊으려면 더 생각나는 것은 그곳엔 내 슬픈 영혼이 잠들어 있음이 틀림없습니다.

춥고 배고프고 잦은 병마에 시달리던 고향, 전쟁의 상처가 채 지워지지 않았던 공포의 고향, 그런 고향을 지금도 못 잊어함은 필시 그곳엔 기억할 수 없는 무엇이 있을 것입니다. 그것은 아마 심산에 칡넝쿨같이 얽힌 정과 비릿하지만 고소한 어머님 젖 내음일 것입니다. 같이했던 산과 들 그리고 물과 바람과 돌과 흙 같은 벗들일 것입니다. 자연을 벗 삼아 희로애락을 함께했던 친구들의 추억일 것입니다. 지지고 볶다가 청운의 뜻을 안고 어느 날 기약도 없이 떠나온 고향이었습니다. 하루에 열두 번도 더 생각했던 고향이었습니다. 몸은 비록 타향에서 떠돌고 있었지만 마음은 하루도 고향을 떠나지 않았습니다. 집념인지 고집인지 알다가도 모를 일입니다. 잊지 못하는 것은 병이라는데 말입니다. 그 후로 오늘까지 타향은 내키지 않는 배부른 고향이 되었습니다. 떠나고 싶어도 떠날 수 없는 고향 아닌 고향이 되었습니다. 배부른 감옥에 살고 있을 뿐입니다. 아직도 잊지 못하는 것은 나만의 애착일까요?

요즘 시간적인 여유가 생겨 가끔 그리던 고향을 찾습니다. 그런데 고향은 옛 모습이 아닙니다. 지난 세월의 시간만큼이나 변해 버렸습니다. 고향은 고향인데 타향입니다. 풀피리 불며 걷던 오솔길, 아지랑이 알랑대는 꼬부랑길은 잘 정돈된 아스팔트 길로 변했습니다. 버들강아지 물오르고 피라미 헤엄치던 작은 개울은 잡초로 뒤덮여 더 이상 내가 놀던 옛 풍경은 아니었습니다. 졸졸졸 흐르던 개울의 여운이 내 마음속에만 남아 흐르고 있을 뿐이었습니다. 산천은 의구하다던 옛 시인의 말이 이제 더 이상 진실이 아니었습니다. 산천은 간데없고 인걸도 간데없으니 이백이 부활할까 걱정스러웠습니다.

스모그 자욱한 도심, 한 뼘의 여유도 없는 건물과 건물들, 두 몸이 비껴가기도 어려운 좁은 골목길, 사이를 용케도 비집고 질주하는 자동차들, 귀를 째는 소음들, 숨이 콱 막히는 매캐한 매연들, 단 1분도 여유롭게 대하기 힘든 이웃들, 이런 삶이 무엇이 좋은지 사반세기를 살아왔으니…. 조금 여유를 갖고 머리 좀 식히려고 찾아간 고향은 꿈속에서 보았던 그런 고향은 더 이상 아니었습니다.

고요한 아침, 별이 빛나는 거룩한 밤하늘이 그립고, 무엇보다도 그리웠던 가난하지만 후했던 인심과 넘치는 인정을 보고 싶었는데 고향 가는 길은 아스팔트가 깔리고 울타리로 둘러싸였던 동네 길에는 자가용이 늘어서 있으니 여느 서울 뒷골목에 온 느낌 그 이상도 이하도 아니었습니다. 지게 대신 자동차가 들어선 현실을 기뻐해야 할지 슬퍼해야 할지 모르겠습니다. 졸졸졸 흐르던 시냇물 소리는 이따금 오가는 경운기 소리에 자취를 감춘 지 오래인 것 같습니다. 유난히 정다웠던 도랑물 흐르는 소리는 마을회관 앞 느티나무 위에 매여 있는 확성기에서 들려오는 이장님의 굵직한 목소리에 묻혀버린 지 오래였습니다. 병아리도 꾸벅대던 한가한 고향의 평화롭던 풍경은 전설이 되었습니다. 오수마저 마음 놓고 즐길 수 없으니 옛날이 그리울 뿐입니다.

『채근담에』 '고요한 곳에서 고요한 마음을 지키는 것은 참다운 고요함이 아니다. 즐거운 가운데 즐거움을 갖는 것은 진정한 즐거움이 아니다'라고 쓰여 있습니다. 이제 마음의 고요함을 얻기 위해 마음을 다스려야 할 것 같습니다. 마음이 고요하면 세상이 고요하니 말입니다.

오메 좋은 거

살다 보면 뜻하지 않은 곳에서 뜻하지 않은 사람을 만나 기쁨을 나누는 날이 있습니다. 일진이 좋은 날이라 할 수 있지요. 오다가다 만나 인연을 맺고 일평생을 함께하는 부부가 된 사람들도 많습니다. 길가에 버려진 아이가 해외로 입양되어 성공한 미담도 심심치 않게 있습니다.

몇 해 전에 지인들 네 부부가 전라남도에 있는 무안이라는 곳으로 2박 3일 여행을 떠났습니다. 오랜만에 탁 트인 벌판에서 시원한 바닷바람을 맞으며 여기저기 구경하였습니다. 마침 한여름이라 시골 장터에는 과일이 참 많았습니다. 여름 과일을 대표하는 수박과 참외 맛이 일품이었습니다. 복숭아 또한 향기로운 냄새가 코끝을 자극했습니다.

숙박시설이나 음식점들은 서울과는 비교가 안 될 정도로 초라하였습니다. 마침 식사시간이 되어서 향토적이고 음식 맛도 좋은 음식점을 찾았습니다. 수소문 끝에 숙소에서 조금 떨어진 곳에 꽤 유명한 음식점이 있다는 말을 듣고 물어물어 찾아갔습니다. 음식점은 초라해 보였지만 음식은 여느 요정 못지않았습니다. 일행 모두 음식에 만족했습니다. 아마 운동을 하고 난 후라서 더 맛있을 것이라는 이유를 감안해도 음식은 좋았습니다.

주인집 아주머니 또한 이목구미가 뚜렷하고, 통 큰 이모처럼 음식도 듬뿍듬뿍 담아다 주었습니다. 말솜씨도 구성지고 구수해서 우리 일행이 주인아주머니 한 사람을 상대하기 벅찼습니다. 수줍어하면서도 이따금씩 던지는 재치 있는 농담은 우리보다 한 수 위였습니다. 첫날 상봉은 이 정도로 끝내고 헤어졌습니다.

여행이 끝나는 마지막 날 점심을 그 집에 가서 먹기로 하였습니다. 배가 출출하던 차에 토종닭 백숙을 시켜먹었습니다. 도회지에서는 먹기 힘든, 뜰에서 자유롭게 자라던 닭(일명 운동권 닭)을 잡아 백숙을 만든 것이라 예전에 고향에서 먹어봤던 그대로의 맛을 느낄 수 있었습니다. 저마다 통통한 다리를 집어들고 구수한 맛에 정신을 놓고 반주를 곁들여 잘 먹었습니다.

식사가 다 끝나고 일어설 무렵, 주인아주머니께서 예쁜 케이크 하나를 가지고 들어왔습니다. 케이크에 초를 꽂고 생일 축하 노래가 이어졌습니다. "생일 축하합니다. 생일 축하합니다. 사랑하는 이 교수님, 생일 축하합니다." 갑자기 생일 축하 케이크 커팅과 함께 카메라 불빛이 번쩍였습니다. 일행들이 내 생일을 기억하고 얘기를 했더니, 이를 곁들었던 주인아주머니께서 준비한 선물이라고 하였습니다. 눈물이 날 정도로 고마웠습니다. 짧은 만남이었지만 이별의 아쉬움을 나누며 케이크 한 조각씩 나눠 먹었습니다. 그리고 음식점을 나와 떠날 차비를 하며 인사를 나누고 있었습니다.

이때 그동안 식사 때마다 열심히 우리 심부름을 해주시던 수줍음이 많아 보이던 아주머니 한 분이 내 옆으로 다가왔습니다. 내 앞에 서서 잠시 머뭇거리더니 내게 "한 번 안아봐도 돼요?"라고 물었습니다. 나는 고마운 마음에 쾌히 승낙했습니다. 말이 떨어지기가 무섭게 아주머니는 내게 달려와 두 팔로 내 허리를 안았습니다. 그리고는 하는 말이 "오메 좋은 거" 하는 것이었습니다. 마누라를 비롯하여 좌중에 있던 일행들과 마중 나온 음식점 사람들이 모두 손뼉를 치며 환호하는 것으로 아름다운 포옹은 끝이 났습니다. 코끝이 시큰할 정도로 마음이 짜릿했지만, 순간 집사람의 속마음이 궁금해지는 것은 무슨 이유였을까요?

23

부자지간의 대화

“아버지가 저희에게 해주신 게 뭐 있어요? 공부시켜주고 용돈 주신 것 외에 또 뭐가 있어요?” 두 눈을 부릅뜨고 아들놈이 대드는 것을 처음 보는 강 사장은 분을 못 이겨 아들놈 머리를 한 대 쥐어박았습니다. 화가 머리끝까지 뻗쳤습니다.

“허 참!”

“뭐! 해준 게 뭐 있냐고?”

“그럼 안 해준 건 또 뭐냐? 한평생 네놈들을 위해서 살아왔는데 해준 게 뭐 있냐고? 이런 나쁜 놈!”

“내가 앞으로 네놈을 위해서 뭘 하면 성을 간다.”

“무자식이 상팔자라더니.”

“자식 놈들이 뭐 필요가 있어?”

“내가 바보지!”

“저런 놈을 자식이라고 밤낮없이 고생해서 돈 벌어다 밥 먹이고 가르쳐놨더니 뭐?"

"해준 게 뭐냐고?"

"그래 내가 해준 게 없으면 네가 지금 살아나 있을 것 같으냐?"

"이 배은망덕한 놈 같으니…."

강 사장은 한참을 퍼붓고는 거실로 나왔습니다. 20년도 넘게 끊었던 담배를 찾아 불을 붙여 한 모금을 폐 속 깊숙이 들이마시고는 내쉬었습니다. 그리고는 소파에 털썩 주저앉았습니다. 마침 창 너머로 유달리 붉고 큰 태양이 서산에 걸려 있었습니다. 땅이 꺼져라 한숨을 쉬고 나니 자기도 모르게 양 볼에 눈물이 흐르고 입가에는 슬픔의 미소가 지어졌습니다. 오직 자식 놈들을 위해 지난 30년 동안 불빛을 보고 달려드는 불나방처럼 죽기 살기로 살아온 과거의 회상에서 오는 허탈감이 밀물처럼 밀려들었던 것입니다. 허탈한 웃음이 나오기도 했습니다.

일찍이 어려서부터 가난에 한이 맺혔던 강 사장은 자식들에게는 어떠한 일이 있어도 자신의 부모같이 무책임하고 가난한 부모는 되지 않겠다는 굳은 의지와 사명감을 갖고 자랐습니다. 어릴 때 삼시 세 끼니를 때우지 못할 정도로 가난했던 환경 탓에 그는 오직 돈버는 것을 생의 목적으로 삼았으며, 그 뜻을 이루기 위하여 젊은 시절 치통보다 더 참기 어려운 수많은 유혹을 참고 견뎌냈습니다. 돈을 벌기 위해 기술을 배우고 온갖 궂은일을 마다치 않고 일에 몰두했습니다. 하루 24시간을 30시간처럼 알고 오직 돈 벌 욕심으로 살아온 그이였습니다. 그런 그가 요즘 아들 세대들을 보면서 한편으로는 대견하기도 하고 한편으로는 부러움과 질투감마저 생기기도 했습니다. 자식에게는 가난을 대물림하지 않겠다는 신념으로 살아온 강 사장이 오늘 아들놈한테 당한 일격은 큰 충격이었습니다. 평생 쌓아올린 아성이 하루아침에 망가지는 느낌이었습니다. 모래성이 파도에 기력 없이 무너지듯 생의 의지가 한순간에 허망하게 쓰러져가는 것을 느꼈습니다.

삼일 밤낮을 쉬지 않고 일에 매달려도 끄떡없던 체력은 이제 매일 오만 가지 약으로 버텨야 하고 강인했던 의지는 지는 촛불처럼 작은 바람에도 흔들리고 있음을 느낄 수 있었습니다. 추상같던 그의 명은 이제 맥없는 잔소리에 불과하게 되고, 한술 더 떠 자식 놈들이 오늘처럼 대드는 일이 잦아지고 있었습니다. 이따금씩 주변에 나타나는 일련의 변화를 보며 인생무상을 느끼는 일이 없었던 것은 아니었지만 오늘은 유난히 섭섭함과 울분이 마른 장작에 불붙듯 타오르는 것이었습니다. 내가 네놈들을 위해서 얼마나 많은 시간과 노력을 들였는데 아니 내 인생 모두를 바쳤는데 감히 이럴 수가 있다니, 참으려 해도 참을 수 없이 울화가 치밀었습니다. 모든 것이 섭섭했습니다. 하늘이 뒤집어지는 혼란이 한꺼번에 밀려들었습니다. 그러나 어쩌겠는가? 시간은 흐르고 세상은 하루가 다르게 변하는 것을…. 세상에 자식 이기는 부모 없다지 않던가?

그래, 이게 인생이지!

그리고 이게 자연의 섭리이지!

이제 내게 멀리 떠나는 여행을 준비하라는 천명에 귀를 기울여야지!

모든 것이 태어나면 언젠가는 사라지는 것이라는 자연의 법칙을 내 모르는 바는 아니지만 그래도 그렇지! 아직 두 눈이 멀쩡한데 이럴 수는 없지….

이런저런 생각으로 마음은 칡넝쿨 얽히듯 얽히고 외로움은 밀물처럼 밀려오는데 어느새 해는 서산을 넘고 주변에는 하나둘 불빛이 어둠을 준비하고 있었습니다.

세상 어느 누가 늙고 싶어 늙던가? 세월 가면 다 그리되는 것을…. 지금까지 일에 몰두하다 보니 그런 생각하는 것도 사치스럽다고 생각해서 내색지 않고 참아왔을 뿐이었습니다. 아니 죽는 날까지 나약한 생각을 아예 지우고 살고 싶었습니다. 오늘처럼 갑작스럽게 자신에 대한 삶을 돌아볼 기회를 맞은 강 사장은 준비 없이 죽음을 맞이한 것 같은 허탈감으로 사실을 받아들이는 것이 힘들었던 것입니다. 나약해지는 모습을 보이지 않고 살려는 강한 신념을 갖고 살아왔기에 더욱 그랬습니다.

공자님이 나이를 들어 죽음을 생각하지 않는 자는 아직 철이 없다고 한 것처럼, 아직 강 사장은 철이 들지 않은 애늙은이인지도 모를 일입니다. '노력해서 이루지 못할 것이 없다'는 신념을 가지고 자부하며 살아온 강 사장이 아니었던가? 산을 깎아 집을 짓고 개울을 막아 호수를 만들었던 강 사장은 불가능을 가능하게 만든 작은 영웅이었던 것입니다. 그리고 강 사장의 타고난 능력은 자타가 인정하는 사실이었습니다. 벌써 내가 늙었단 말인가? 가족 모두가 노인네 취급을 하는데 자기 자신만이 모르는 집안의 기피인물이 되었단 말인가? 강 사장은 해 저문 방에 홀로 앉아 세월을 되짚어보고 있었습니다. 자식이라는 것이 전생에 내 빚쟁이였다는 말이 사실인지를….

행복을 찾아 떠난 여행

집 나가면 고생이라는데 이에 아랑곳하지 않고 주말이나 휴가철이 되면 많은 사람들이 여행을 떠납니다. 고생보다 더 매력적인 뭔가가 있는 모양입니다. 아니 고생도 즐거움이 되는 모양입니다. 돈을 써가며 고생하는 모습을 보면 사람들이 어쩌면 저렇게 우매할까 하는 사실에 한숨이 나올 때도 있습니다. 여행을 떠나는 사람의 얼굴에는 기쁨이 가득합니다. 죽음의 여행마저도 즐거울 것 같아 보입니다. 집을 나서면 어딘가에 꿈에도 그리던 뭔가가 있을 것 같은 희망을 갖고 있는 것 같습니다. 미지의 세계에서 이룰 수 있다고 생각하는 유토피아를 찾아 떠나는지도 모릅니다. 일탈에서 오는 자유로움일 수도 있습니다. 찌들고 억압된 환경을 벗어나는 것 자체가 바로 고생보다 더 기쁘기 때문일 것입니다. 비록 잠시지만 그 맛은 여름날 갈증을 해소하는 시원한 맥주 맛일 수도 있습니다. 아니면 말복 날 오후에 스쳐 지나가는 소나기 같은 시원함일 수도 있습니다.

여럿이서 떠나는 여행은 겉모습이 요란합니다. 그러나 내면은 조용합니다. 혼자 떠나는 여행은 겉으로는 조용합니다. 그러나 내면은 무척 소란합니다. 내면과의 대화가 천둥처럼 요란합니다. 나는 여럿이 떠나는 여행도 좋아하지만 혼자서 떠나는 여행도 좋아합니다. 여럿이 떠나는 여행은 우정을 나누는 대화가 있어 좋습니다. 잊고 지내던 세상사에 대한 이야기로 더 넓은 세계를 보는 것 같기에 좋습니다. 홀로 떠나는 여행도 나름대로 멋과 향기가 있습니다. 내면의 나와 더 가까워질 수 있는 절호의 기회가 되기 때문입니다. 나는 가끔 나를 잊고 삽니다. 마치 늘 함께하는 사람을 소홀하게 대하는 것같이 자신을 철저하게 소외시키는 경우도 있습니다. 나는 그럴 때 매우 외로워합니다. 그런 나를 달랠 수 있는 귀한 기회가 홀로 떠나는 여행입니다. 어떤 여행이든지 여행의 목적은 행복을 구하는 것이라 생각합니다. 행복이 아니면 즐겁기 위해서 떠나는 여행일 것입니다. 불행을 찾아 떠나는 여행은 없을 테니까요. 여러분도 여기에 동의하십니까? 나도 그 많은 사람 중 한 사람입니다.

수십 년 행복을 찾아 헤매었습니다. 집을 나서 산으로 갔습니다. 집을 벗어나 높은 곳에 오르면 행복이 있을 것 같기에 그랬습니다. 가장 먼저 내가 살고 있는 동네 앞산에 올랐습니다. 마음은 상큼했지만 내가 찾는 행복은 없었습니다. 조금 더 높은 곳에 가면 보일까 싶어 더 높은 산들을 찾아 떠났습니다. 가쁜 숨을 몰아쉬며 이산

저산의 정상에 서 보기도 했습니다. 정상에서 보는 정경은 눈을 휘둥글게 하는 아름다움이 있었습니다. 신의 능력에 감탄하는 소리가 여기저기서 들렸습니다. 아! 아름답다. 아름답고 장엄한 경이로움이 그동안에 흘렸던 땀방울의 값을 보상해 주었습니다. 그러나 그곳에도 내가 찾던 행복은 보이지 않았습니다.

산에 없으면 강에 있을까? 하고 강을 찾았습니다. 갈대가 우거진 숲에는 철새들의 보금자리가 있었습니다. 석양에는 집을 찾는 철새들의 군무를 감상할 수 있었습니다. 새들이야 살기 위해 몸부림치는 비상이겠지만 내 눈에는 아름다운 춤으로 보였습니다. 강가에서 바라보는 노을은 조물주가 그린 환상이었습니다. 분명 아름다움에 감탄이 절로 나왔습니다. 이런 광경은 분명 행복한 기분을 들게 하기에 족했습니다. 그러나 그 아름다움도 잠시였습니다.

바다의 노을 속에는 분명 행복이 있을 것이라 확신하고 바다로 나갔습니다. 탁 트인 바다 저 먼 지평선이 시야의 경계를 이룹니다. 감탄입니다. 철썩이는 파도에는 분명 가슴을 적시는 변치 않는 소리가 있었습니다. 그러나 그것은 물이 보대끼는 소리였습니다. 거기에도 내가 찾는 그런 행복은 아니었습니다. 갈매기 날개에 노을의 황금빛이 덧칠을 합니다. 좁은 골목길과 대비되는 시원함과 시력이 자유로워집니다. 그곳에도 내가 찾는 행복은 얼굴을 내밀지 않았습니다.

강줄기를 따라 올라갔습니다. 깊은 물이 얕아지며 강 속이 투명하게 보였습니다. 흐르는 물에 몸을 맡기고 아름다운 조약돌들이 도란도란 이야기를 나누고 있었습니다. 고요 속에 평화롭게 놓여 있는 조약돌들이 행복해 보였습니다. 그러나 그것은 나의 행복이 아니었습니다.

여행은 추억만을 남긴 채 끝이 납니다. 지친 몸을 이끌고 집에 돌아와 푹신한 침대에 몸을 눕힙니다. 나도 모르게 깊은 잠에 빠져듭니다. 익숙하고 편안한 곳에서 꿈을 꾸고 있는 마음이 행복이라는 것을 깨닫게 된 것은 여행에서 돌아온 후였습니다. 희곡『파랑새』를 쓴 마테를 링크는 "행복은 분주하고 떠들썩한 생활에 있는 것이 아니라 우리가 살고 있는 집 처마 끝에 매달린 새조롱 속에 있다"고 했습니다. 그렇습니다. 행복은 결코 먼 곳에 있지 않습니다. 행복은 지금 바로 당신의 눈앞에 있습니다. 다만 보지 못할 뿐입니다. 아니 멀리서 찾으려 하기 때문일 것입니다.

송사리 낚시

진실을 말하는데 믿지 않고 오히려 거짓말이라고 할 때 당장 확인시켜 줄 수 없는 경우, 참 억울합니다. 누구나 이런 황당한 경우를 한 번쯤 경험했을 것입니다. 낚시꾼들이 잡았다 놓쳤다는 고기에 대한 이야기나 군대생활을 한 분들은 좀 과장된 말을 하는 경우가 있습니다. 월척을 놓쳤다거나, 왕년에 한가락했다는 식의 이야기입니다. 그러나 진실을 이야기하는데도 믿지 않을 때 이야기한 사람의 억울함은 애통하기 그지없습니다. 증거를 댈 수도 없는 경우에는 꼼짝없이 거짓말쟁이가 되고 맙니다. 아프리카 원주민들의 이야기에는 맨주먹으로 사자를 잡았다는 무용담이 있습니다. 사실인지 확인할 길은 없지만 그럴 거라고 믿습니다.

가을이 되면 논에 익어가는 벼 이삭을 참새들이 떼를 지어 습격합니다. 내버려두면 애써 지은 농사를 참새 떼에게 바치는 어처구니없는 일이 발생합니다. 참새가 먹으면 얼마나 먹느냐며 참새 편을 드는 자연보호론자나 새를 좋아하는 사람들이 있을 것입니다. 그러나 참새 떼가 한 번 훑고 간 자리는 며칠이 지나면 알맹이가 없는 빈 쭉정이로 변합니다. 이 사실을 알고 있는 농부들은 벼 이삭이 영글기 시작하는 가을에는 논에 나가 새를 쫓는 일을 해야만 합니다. 이런 것을 새보기라고 합니다. 새보기라는 말의 뜻을 잘 모르는 사람들은 새보기가 철새를 관찰하거나, 새를 돌보는 것쯤으로 오해하기 쉽습니다. 내가 어릴 적에 새를 보고 살았다고 하면 요즘 어린이들은 그렇게 오해합니다. 혹시 새를 본 경험이 있는 사람은 새보기가 얼마나 힘들고 짜증 나는 일인가를 이해할 것입니다. 학교가 끝나고 집에 오면 새보는 일이 기다리고 있었습니다.

요즘 학생들이 학교가 끝나면 학원버스가 기다리고 있는 것과 같이 말입니다. 집에 오자마자 논으로 나가 새를 쫓는 일을 합니다. 논이 큰 경우에는 이쪽에 앉은 새를 쫓으면 저쪽으로 날아가 앉아 벼 이삭을 먹습니다. 논두렁을 몇 바퀴 돌아야 하루해가 저뭅니다. 새가 얼마나 미웠으면 새 새끼를 보는 족족 둥지처참을 했을까요? 지금도 참새를 보면 그때 그 시절의 추억에 참새가 아름답게 보이지 않습니다.

새를 쫓는 일이 즐겁지 않기에 때로는 새가 내려와 먹든지 말든지 논에 나가 딴전을 피우는 경우도 많았습니다. 부모님의 성화에 못 이겨 논에 나가기는 했어도 새를 보는 일이 기쁠 리 없었습니다. 몸은 논두렁에 나가 있지만 마음은 노는 데 정신을 파는 경우가 대부분이었습니다. 놀고는 싶은데 혼자 있으니 친구들과 게임을 하는 것은 불가능했습니다. 혼자 하는 놀이를 많이 개발하여 놀았습니다. 풀잎을 따서 풀피리를 불거나 흙으로 장난을 치거나 그것도 성이 차지 않으면 논 가운데 들어가 고기를 잡고 놀았습니다. 큰 논에는 방죽(논에 물이 마를 것을 대비해서 논가에 만들어놓은 작은 연못)이라고 부르는 작은 연못이 있었습니다. 이 방죽은 가뭄에 대비해서 수리시설이 잘 되어 있지 않은 논에 주로 만들어놓았습니다. 가뭄이 들어 물이 없으면 농사를 망치게 되므로 물이 풍부할 때 물을 가두어놓았다가 가뭄이 들면 물을 퍼 올려 논이 마르지 않도록 만들어놓은 것입니다. 우리 조상들의 지혜가 돋보이는 오래된 수리시설의 일종입니다.

방죽에는 물만 있는 것이 아니라 고기들도 잘 자랍니다. 붕어, 가물치, 뱀장어, 참게, 미꾸라지, 납자루 송사리 등의 물고기와 물방개, 엿장수, 잠자리, 유충 등이 많이 서식하기도 합니다. 1년 내내 물이 마르지 않고 깊어 고기들이 살기에는 안성맞춤입니다. 방죽은 가뭄이 들지 않으면 몇 년이고 물이 마를 일이 없습니다. 그러니 깊고 안전한 방죽에는 고기들이 많이 있습니다. 몇 년을 자란 물고기는 큰 물고기로 자랍니다. 큰 가물치는 보통 어른 팔뚝만큼씩 자라기도 합니다. 농사일이 끝나는 가을에는 방죽의 물을 뿜어내고 고기를 잡기도 합니다. 고기를 잡는 날에는 동네잔치가 벌어집니다. 매운탕을 끓여 온 동네 어른들이 모여 한 잔하는 날이기도 합니다.

남은 고기는 말려두었다가 겨울에 무청이나 시래기를 넣고 요리를 해서 먹으면 일품이었습니다.

방죽은 가뭄이 들면 논에 물을 대주고, 사람에게는 단백질도 공급해 주는 고마운 것이었습니다. 방죽에 사는 고기 중 가장 많은 것이 송사리라는 고기였습니다. 지금은 거의 구경하기도 힘든 고기가 되었지만 그 당시에는 흔해 빠진 게 송사리였습니다. 작은 개울이나 물웅덩이에 송사리들이 많이 살고 있었습니다. 송사리는 어른 손가락 두 마디 정도의 크기까지 자라니 그리 큰 고기가 아닙니다. 놀림도 빠르지 못하고 크기도 크지 않아 큰 고기의 밥이 되는 고기입니다. 개구리들도 즐겨 잡아먹는 고기입니다. 송사리는 방죽의 표면에서 모기 유충이나 날파리들을 잡아먹거나 벼에 해로운 멸구와 같은 작은 해충들을 잡아먹는 고마운 고기입니다. 대체로 떼로 움직이는 습성을 가지고 있습니다. 먹성도 좋아 먹이가 눈에 보이면 거침없이 입을 갖다 대는 조금은 지능이 낮은 고기입니다. 송사리로 매운탕을 끓이면 씁쓸한 맛이 납니다. 맛도 그리 좋은 편이 아니라 대부분 먹지는 않았습니다. 대개 닭이나 돼지의 별식으로 쓰였습니다.

송사리는 소쿠리나 뜰채를 이용하면 쉽게 잡을 수 있습니다. 아무거나 덥석덥석 잘 물어서 낚시를 하면 넣는 즉시 물려 나옵니다. 심심하면 새가 벼를 먹든 말든 송사리 잡는 데 정성을 다하곤 했습니다. 잡는 방법은 병든 벼 포기를 뽑아보면 그 속에 벼 대를 갉아

먹는 애벌레가 있습니다. 이 애벌레를 잡아 벼 이삭의 대를 뽑아 벼 알을 훑어버리고 그것으로 애벌레 몸통 중간을 묶어 낚시 대용으로 사용합니다. 이런 낚시를 방죽에 넣으면 송사리들이 벌레를 먹기 위해 물게 됩니다. 이때 애벌레를 묶은 낚시(?)를 들어올리면 송사리가 달려 나옵니다. 그런데 송사리가 밖으로 끌려나오는 순간 물었던 입을 벌리면 놓치게 됩니다. 따라서 잡는데 타이밍과 순발력이 매우 중요합니다. 송사리가 물었던 입을 놓기 전에 끄집어내는 것이 노하우입니다.

송사리가 많을 때는 낚시를 넣기가 바쁘게 뭅니다. 애벌레를 여러 마리 묶어서 넣으면 송사리 여러 마리가 한꺼번에 물려 나옵니다. 이렇게 한 30분 잡으면 한 대접 정도 잡습니다. 대개는 송사리 낚시를 하기 위해서 대야를 가지고 갑니다. 대야가 없으면 임시방편으로 신고 있는 고무신을 이용합니다. 대야에 물을 조금 부어놓고 벼 이삭에 애벌레를 몇 마리 묶어 방죽에 넣었다 송사리가 물면 바로 꺼내 송사리가 떨어지기 전에 준비된 대야에 넣어야 합니다. 대야에 물을 조금 부어놓는 것은 송사리를 죽지 않게 하기 위함입니다. 이 작업을 계속 하는 것이 송사리 낚시입니다. 때로는 송사리가 다른 송사리 꼬리를 물고 올라오기도 합니다.

언젠가 동료들과 식사를 하며 이런 이야기를 했습니다. 재미있게 이야기를 끝까지 듣고 있던 동료들은 믿을 수 없다는 표정이었습니다. 사실을 사실대로 이야기해도 믿지 못하겠다는 표정으로 웃음을 지었습니다. 참, 그처럼 답답할 수가 없었습니다. 당장 보여 줄 수도 없으니 더욱 답답할 노릇이었습니다. 아무리 말로 설명해도 믿지 않으니 나만 허풍쟁이가 되고 말았습니다. 그러나 송사리 낚시는 사실이었습니다. 지금은 송사리가 농약 때문에 멸종되었다니 사실을 확인할 길은 요원해졌습니다. 참 억울합니다. 그러나 송사리 낚시는 내 가슴 깊이 남아 있는 확실한 추억입니다. 제발 믿어주세요.

자카란다를 생각하며

지금 여러분은 남향에 앞이 탁 트인 집에 살고 계십니까? 옛말에 3대가 내리 적선을 해야 남향집에서 산다는 말이 있습니다. 이런 집에 살고 계신다면 여러분의 선조 3대가 내리 적선을 하며 사신 분들이라 생각하고 감사해야 합니다.

여름에 시원하고 겨울에 따뜻하니 그런 말이 생겨났을 것이라 생각합니다. 나도 그런 집에 살고 싶어 여러 해를 찾아 헤매었습니다. 마음에 들면 가격이 비싸고 모두가 맞으면 분양에 실패하고 이러다 보니 3대가 적선해야 남향집에 산다는 이야기가 사실로 다가왔습니다. 우리 집 3대를 생각해 보니 눈에 띌 정도로 적선하며 산 것 같지가 않으니 조상의 음덕을 보기는 어렵다고 생각했습니다. 그러면 자력으로라도 구해서 살고 싶었습니다. 신흥도시라고 만인들이 선호하던 강남이나 분당에 세 번 정도 분양권 추첨에서 고배를 마셔야 했습니다.

내 복에 무슨 횡재가 있을라고. 그래서 골라서 온 데가 지금 살고 있는 하남시의 자그마한 아파트입니다. 서울시 강동구와 접해 있고 동으로는 한강이 흐르고 남쪽에는 가까이에 검단산이, 조금 멀리에는 역사적인 남한산성이 있는 비교적 조용한 곳입니다. 지성이면 감천이라고 정남향은 아니지만 거의 남향집이면서 검단산이 바로 눈앞에 보이는 탁 트인 아파트를 분양받게 되었습니다. 10분 정도 걸으면 한강이 흐르고 도시의 80% 이상이 녹지인 친환경 생태도시입니다. 이런 도시로 이사 온 지도 벌써 20년이 다 되어갑니다. 자주 옮겨야 부자가 된다는데 아예 부자 될 가능성이 없다고 생각하고 편하게 살다 보니 오늘까지 살고 있습니다.

아파트의 층수도 총 17층에서 13층이니 전망도 좋습니다. 지금 이 글을 쓰고 있는 방에서 657m 높이의 검단산이 손에 잡힐 듯 눈앞에 보입니다. 한 곳에서 20년간 살고 있으니 20년 전의 유물(?)이 아직도 집안 곳곳에 굴러다닙니다. 기념일이나 축하할 일이 있을 때마다 보내준 화분들을 버리지 못해 베란다에 놓아두었더니 작은 정원을 이루었습니다. 특별히 정성을 들여 기르는 것도 아닙니다. 고작 일주일에 한 번 정도 물을 주는 것이 전부입니다. 그런데 이름도 모를 국적 불명의 화초들이 모여 사계절에 때맞추어 정원을 가꾸어갑니다.

자라났다가 시들고 다시 자라나고 그러기를 수십 년, 매년 1월 말이면 겨우내 보이지 않던 국적도 잘 모르는 꽃이 볼품없는 화분에서 예쁜 모습을 수줍게 나타냅니다. 그것도 연분홍 꽃망울을 소리 없이 추운 겨울에 만들어 어렵게 보입니다. 2월 초가 되면 20년이 넘은 영산홍이 태양보다 붉은 꽃들로 황량했던 정원을 화사하게 밝혀줍니다. 이에 뒤질세라 군자란도 앞다투어 목을 길게 빼고 있습니다. 언젠가 제자가 가지고 온 작은 선인장을 버리기 아까워서 집에 가지고 와 빈 화분에 꽂아놓은 것이 이제 사하라 사막을 연상케 해줄 만큼 당당히 자랐습니다.

봄이 오면 앙상했던 줄기에 싹이 오르고 저마다 아름다운 꽃을 피우는 모습에서 생명의 신비가 느껴집니다. 밖에는 아직 흰 눈이 온 산과 들을 덮고 있는데 베란다에 피어 있는 꽃을 보는 재미가 솔솔 합니다. 이국에서 들어온 식물들이 고향을 그리워하며 서로 외로움을 달래고 있습니다. 잊을 만하면 동양란과 서양란들이 예쁜 꽃을 피워 보답합니다. 일주일에 한 번씩 물을 준 대가치고는 너무 큰 선물이 아닐 수 없습니다.

간섭하지 않으니 모양도 제각각입니다. 자연 상태로 살게 내버려 두는 것이 나의 정원관리 법칙입니다. 죽으면 죽게 놔둡니다. 가능하면 위치도 바꿔주지 않습니다. 이유는 그렇게 하는 것이 식물을 위해서 좋다는 꽃가게 아저씨의 가르침 때문입니다. 식물들도 이사를 하면 몸살을 한다고 하니 주인이 게을러야 꽃들이 잘 자라는가 봅니다. 식물 사랑은 그냥 놔두는 것이 최선이라는 것도 알았습니다. 그것이 식물들의 삶의 법칙인가 봅니다.

여러 개의 화분 중에 바라볼 때마다 가슴이 아린 것이 있습니다. 2007년 호주에서 1년간 방문교수로 있다가 돌아오면서 가방 속에 넣어두었던 씨를 혹시나 하는 마음으로 화분에 심었는데 싹이 나서 지금까지 6년째 자라는 나무 한 그루가 있습니다. 이름도 생소한 자카란다(jacaranda)라는 나무입니다. 이 나무는 12월이 되면 호주 시드니 시 전역을 보라색으로 물들이는 이색적인 나무입니다. 마치 4월이면 서울시를 온통 덮는 벚꽃 같은 존재입니다. 벚꽃은 일주일을 넘기지 못하는데 자카란다는 1개월 이상 피어 있습니다. 내가 잠시 머물렀던 집 앞에 이 나무가 한 그루 있었습니다. 향기는 별로 없지만 꽃의 색이 신비롭고 아름다워서 서울에서도 볼 수 있었으면 하는 생각에 씨를 하나 가지고 와서 화분에 심어 보았는데 발아해서 지금은 웬만한 성인 키만큼 자랐습니다.

처음에는 잘 자라는 것 같더니 어느 정도 자란 후에는 병치레가 잦습니다. 토양이 안 맞는지 아니면 기후가 달라서인지 진딧물 같은 것이 온 나무에 끼더니 병치레가 심합니다. 6년이 지난 지금 밑동은 어린애 팔뚝만 하게 자랐는데 잔가지가 더 이상 자라지 않고 나무에 담쟁이 자라듯 비비 꼬이며 자라고 있습니다. 고향이 그리워서 향수병에 걸린 걸까? 아니면 사랑하는 친구들이 그리워서인까? 다른 외지에서 온 선인장이나 군자란 등은 고향을 떠나와서도 잘 자라고 있는데 자카란다만은 아직도 제 몸을 잘 가누지 못하고 있습니다. 고향을 떠나 향수병을 앓아본 사람으로 동병상련의 아픔을 함께하고 있습니다. 오늘도 물을 주며 언젠가 자카란다도 다른 화초들처럼 멋진 보라색 꽃을 선물하지 않을까 하는 야무진 꿈을 꾸어봅니다.

27

차형 가족과의 추억

차형(본명 차주남)은 유럽의 작은 나라인 벨기에에 살고 있던 교포였습니다. 1978년 5월, 벨기에 동쪽 하슬트(Hasselt)라는 도시에서 처음 만났으니 벌써 40년이 넘었습니다. 나는 전자교환기 도입에 따른 교육을 받기 위해 안트워프(Antwerp)라는 벨기에의 항구 도시로 떠나야 했습니다. 그때 한 동료직원의 사촌 오빠가 벨기에에 살고 있다는 말을 들었습니다. 그 동료직원은 내가 벨기에에 간다는 말을 듣고 가는 김에 자기 사촌 오빠를 한 번 만나보고 오라고 부탁했습니다. 부탁이라기보다는 땅 설고 물 설은 해외에서 도움이 필요하면 청해도 된다는 큰 배려였습니다.

벨기에에 도착해 며칠이 지난 다음 차주남 씨에게 전화를 걸어 나에 대해서 소개를 했습니다. 사전에 동료직원이 편지로 나에 대한 소개를 해서인지 전화를 받자마자 반가운 목소리로 맞아주었습니다. 그리고 시간 나는 대로 한번 보자는 것이었습니다. 그러던 어느 날 차주남 씨로부터 전화가 왔습니다. 주말에 시간이 되면 한 번 오라는 것이었습니다. 들르겠다는 약속을 했습니다. 차주남 씨가 일러준 대로 하슬트행 시외버스를 타고 떠났습니다. 유럽 땅에도 봄이 한창이었습니다. 끝없이 펼쳐지는 들판에는 새싹이 돋아나고 한가로이 풀을 뜯고 있는 말과 소 떼들이 매우 인상적이었습니다.

이 생각 저 생각 하는 사이 버스가 하슬트에 도착했습니다. 만나기로 약속은 했으나 처음 뵙는 분이라 쉽게 찾을 수 있을지 걱정이 앞섰습니다. 정류장으로 마중 나오기로 한 차주남 씨를 찾으려 두리번거리는데 키가 크고 눈이 부리하며 이목구비가 잘 배합된 동양인이 누군가를 찾으며 나처럼 목을 빼고 두리번거리고 있었습니다. 한눈에 봐도 그분이 차주남 씨라는 느낌이 들었습니다. 바로 다가가 혹시 차주남 씨 아니냐고 물었습니다. 그랬더니 기다렸다는 듯이 나를 보고 이해용이냐고 물었습니다. 반가운 나머지 몇 년 만에 살아 돌아온 부모·형제 만나듯 주위 사람도 아랑곳없이 큰 소리로 인사를 나누었습니다. 그것도 한국말로…. 인사를 나누고 차주남 씨가 몰고 온 승용차를 타고 차주남 씨 집으로 갔습니다. 차를 타고 집에 가면서 연배를 물어보니 나보다 몇 년 위였습니다. 그래서 이름 대신 차형으로 부르기로 하고 그때부터 차형이라는 호칭을 사용했습니다. 정류장으로부터 약 20여 분 걸렸습니다.

집에 도착하니 말로만 듣던 출중한 미모의 여인이 반갑게 맞아주었습니다. 차형 부인이었습니다. 17년 동안 펜팔을 하며 우여곡절 끝에 한 국제결혼이었는데 그만한 가치가 충분할 정도로 아름다운 여인이었습니다. 악수를 하고 나자 차형 부인은 내 뺨에 자기 뺨을 대는 인사를 자연스럽게 했습니다. 나는 부끄럽기도 하고 멋쩍기도 하여 눈을 지그시 감고 가만히 서 있었습니다. 부인의 이름은 차하세브츠(Cha Hasebuetsch)였습니다. 부인의 안내를 받으며 거실로 들어가니 인형같이 예쁜 어린애가 진짜 인형을 가지고 구석에 있는 의자에 앉아 두려운 눈으로 나를 바라보고 있었습니다. 아이와 눈인사를 주고받으며 마련된 식탁에 앉았습니다. 차형에게 동료의 안부를 전하며 이런저런 이야기를 나누고 있는 사이 부인이 준비한 음식이 하나둘 나왔습니다. 오랜만에 보는 한식이었습니다. 물론 외국인이 만든 한식이라 퓨전한식에 가까웠으나 정성을 다한 음식이었습니다. 모두 자리에 앉았습니다.

차형 부인과 나의 대화가 순조롭지 않아 차형이 통역하면서 식사를 했습니다. 마침 그날이 아이의 돌이라 돌상을 차린 것이었습니다. 아이의 이름은 아딘다(Adinda)로 금발에 깊고 푸른 눈을 가졌으며 코는 오뚝하고 이마가 유난히 아름다운 귀여운 여자 아이였습니다. 아빠는 한국인인데 생김새는 전형적인 서양인이었습니다.

차주남 씨와 부인은 처음 만나는 반가움과 서먹함을 편안하게 이끌어주었습니다. 들뜬 분위기 속에서 음식을 먹었는데 한식을 먹는다기보다는 정성을 먹는 기분이었습니다. 쌀밥에 김치와 국은 모양만 한식이었습니다. 주로 고기를 반찬으로 밥을 맛있게 먹었습니다. 밥을 먹고 나자 후식으로 과일과 아이스크림이 나왔습니다. 과일을 먹고 아이스크림을 입에 댔습니다. 그런데 아이스크림에서 내 입맛에 맞지 않는 향이 났습니다. 나는 아이스크림을 좋아하지 않았으나 손님 접대용으로 나온 아이스크림을 물릴 수 없어 눈 질끈 감고 빨리 먹어 치웠습니다. 맛있어서 빨리 먹은 것으로 생각하고 부인이 하나 더 가지고 왔습니다. 할 수 없이 울며 겨자 먹는 격으로 하나를 더 먹었습니다. 또 하나를 권하기에 손사래를 치며 사양했습니다. 단지 동료의 지인이자 동족이라는 이유만으로 이역만리 외국 땅에서 처음 만나는 분으로부터 과분한 대접을 받았습니다.

식탁에서 소파로 자리를 옮겼습니다. 아딘다도 이제 얼굴이 익었는지 가끔 내 곁으로 와서 웃음을 짓기도 했습니다. 소파에 앉아서 나는 준비해 온 선물을 부인에게 주었습니다. 선물을 뜯어본 차형 부인은 한사코 받을 수 없다는 것이었습니다. 비싼 선물은 아니지만 디자인이 예쁜 목걸이였습니다. 우리나라 같으면 고맙다고 받았을 텐데 완강히 거절하니 당황스러웠습니다. 차형이 우리나라 문화에 대해 설명해 주고 받으라고 하니 고맙다고 인사하며 흔쾌히 받았습니다. 뒤에 안 일이지만 벨기에 사람들은 초대받아 남의 집을 방문할 때는 대개 꽃을 선물한다고 합니다. 문화의 차이라는 것을 처음 실감하였습니다. 밤이 깊어 하룻밤 묵을 곳으로 안내해 주었는데 2층에 마련된 잠자리는 아늑하고 편안했습니다. 아침에 일어나니 벨기에 식빵과 우유로 준비한 아침식사가 기다리고 있었습니다.

식사를 마치고 차형 가족과 함께 하슬트 근교에 있는 유원지로 갔습니다. 말이 잘 통하지 않아 짧은 영어로 몇 마디씩 하자니 답답했지만 이국에서 보낸 즐거운 하루였습니다. 근무를 위해 오후 늦게 안트워프행 버스를 타고 돌아왔습니다.

비록 짧았지만 많은 인연을 쌓은 만남이었습니다. 그 날 이후 자주 연락하며 지내다 그해 연말에 귀국을 앞두고 내가 사는 곳으로 차형 가족이 왔습니다. 교포가 많지 않아 교포들끼리는 친척같이 지내고 있는데 교포 한 사람의 결혼식이 있어 겸사겸사 왔다고 했습니다. 오직 동포라는 인연으로 생면부지의 사람 결혼식에 참석하는 색다른 경험도 했습니다. 결혼식을 끝으로 벨기에에서의 만남은 끝이었습니다.

귀국한 후에도 계속 서신왕래를 하였습니다. 매년 연말이면 가족사진을 몇 장씩 보내왔으며 연하장도 주고받았습니다. 몇 년의 세월이 흐른 뒤 차형 내외가 우리나라에 왔습니다. 형제를 만난 것 못지않게 반가웠습니다. 우리 집에 며칠 묵기도 했습니다. 아딘다도 어느 정도 자라 더 예뻐졌습니다. 고궁을 같이 다니며 정이 더 깊어졌습니다. 집에 머무는 동안 자연스럽게 차형에 관한 러브스토리를 듣게 되었습니다.

두 분은 17년 동안 펜팔(옛날 외국인과 편지를 주고받던 것)로 사랑을 나누었는데 차형으로부터 사랑 이야기를 들으며 나의 첫사랑은 애들 장난이라는 생각을 하게 되었습니다. 펜팔을 하던 중, 차형은 3년 동안 생사를 헤매는 병을 앓았는데 그사이 서로 소식이 두절되었다가 수소문 끝에 다시 만나 사랑의 결실을 맺었다는 현대판 순애보였습니다. 온갖 고생 끝에 결혼하게 되었으나 비자가 나오지 않아 몇 년씩 출국을 미뤄야 했다는 사연은 울분을 자아내기도 했습니다. 자주 만나다 보니 정도 들고 가족이 서로 친하게 되었습니다. 아딘다의 동생인 티나(Tina)를 낳았다는 소식과 함께 아이들의 사진을 자주 보내왔습니다.

그 뒤로 36년이 지났습니다. 아딘다는 엄마가 되어 캐나다에서 살고, 티나는 벨기에에서 공무원으로 근무한다는 사연을 끝으로 차형과 연락이 두절되었습니다. 몸이 많이 불편한 차형이 연락을 할 수 없을 정도가 되었는지 몹시 궁금하고 한편 불길한 생각을 지울 수 없습니다.

아름다운 봄날, 산천이 아름다워지는 푸른 들판에서 한가로이 풀을 뜯던 소들의 모습으로 겹쳐지는 차형을 생각하며 몇 자 적어보았습니다. 차형 가족 모두가 행복하길 바라며…. (2013년 4월 9일)

Ⅳ 소망

Image 87-9 Oil on Canvas 53×40.9cm

나를 슬프게 하는 것들

산을 좋아하는 나에게 어떤 지인은 묻습니다. "산에 뭐가 있기에 오르느냐고?" 나는 농담 반 진담 반으로 대답합니다. 산에는 내 스승이 있고, 내 친구가 있고, 내 제자가 있기에 오른다고…. 20여 년을 집 앞에 있는 검단산에 오르내리며 살아왔습니다. 건강이 좋지 않아 시작한 등산이 어느덧 삶의 일부가 되었습니다. 이제 산에 오르지 않고는 살지 못할 정도가 되었습니다. 산에 오르는 것이 나의 낙 중에 가장 큰 낙이 된 것입니다.

산에 오르기 시작한 이유는 첫째 건강을 지키기 위함입니다. 두 번째 이유는 등산은 시간의 구애됨 없이 혼자서도 할 수 있다는 점입니다. 다른 운동은 짝이 있어야 가능합니다. 그런데 등산은 혼자서도 얼마든지 즐길 수 있는 운동이기에 시작하였습니다. 마지막 이유는 비용이 가장 저렴하다는 점입니다. 유행하는 등산복은 비싸지만 평소 차림으로 산에 오르면 큰 비용이 들지 않습니다. 바쁘지 않을 때에는 보통 일주일에 두세 번 정도 오르니 1년이면 대략 100번 정도 산에 오릅니다. 왕복 2~3시간 정도 소요되며, 거리는 짧은 코스를 선택하면 6km 정도이고, 긴 코스를 돌면 8km 정도 됩니다. 이렇게 하다 보니 이제 삶의 일부가 되었습니다.

특별한 경우가 아니면 먼동이 트기 전에 오릅니다. 그래야 하루를 도막 내지 않고 활용할 수 있기 때문입니다. 새벽 산은 참으로 고요합니다. 스님이 염불하기 좋고, 수녀들이 묵상하기 좋은 시간입니다. 정적이 감도는 산길을 혼자 올라가면 발자국 소리가 인연처럼 따릅니다. 귀를 세우면 물소리와 바람소리도 들을 수 있습니다. 산새들이 잠에서 깨어나 너도 나도 인사합니다. 발에 밟히는 작은 돌멩이들이 발자국 소리에 놀라 굴러갑니다.

혹자는 이른 아침에 산에 오르는 것보다 낮에 오르는 것이 좋다고 합니다. 탄소동화작용이 활발한 낮에 오르는 것이 의학적으로 건강에 더 좋다는 주장입니다. 그래도 나는 새벽에 산에 오르는 것을 좋아합니다. 큰 이유는 없습니다. 산속에 숨어 있는 밤의 잔영과 만날 수 있기 때문입니다. 바람이 소나무 사이를 지나며 내는 싸한 소리가 상큼하기 때문입니다. 고요함과 자연의 소리가 교차하는 야릇한 분위기를 느낄 수 있기 때문입니다. 인욕으로 찌든 사람 냄새가 배이지 않은 자연의 냄새가 좋기 때문입니다. 어쩌다 마주치는 사람과 진심으로 인사할 수 있기 때문입니다. 풀잎에 매달려 있는 아침 이슬의 영롱함이 좋아 보이기 때문입니다. 들꽃이 땡땡하게 웃음 짓는 모습이 사랑스럽기 때문입니다. 산을 품은 운무의 흐름이, 내 살결을 스치는 촉감이 비단결처럼 부드럽기 때문입니다. 숲에 스며드는 아침 햇살이 신비롭기 때문입니다. 산과 나, 단둘이 있는 것이 정말 좋기 때문입니다. 경쟁과 소유가 없는 존재만 있기 때문입니다. 간섭받지 않은 여유가 있기 때문입니다. 그냥 모든 것이 다 좋기 때문입니다. 모두가 하나임을 느낄 수 있는 시간이기 때문입니다. 단지 온몸에 흐르는 땀이 몸을 적시니 그게 흠이라면 흠입니다. 이런 산에도 우리를 슬프게 하는 것들이 있습니다.

독일의 유명한 작가인 안톤 슈나크(Anton Schnach)는 '우리를 슬프게 하는 것들'이란 수필에서 불우한 아이들이, 동물원에 잡힌 범의 불안 초조가, 달려가는 기차가 또한 우리를 슬프게 한다고 했습니다. 오뉴월의 장례행렬, 가난한 노파의 눈물, 거만한 인간, 보랏빛과 흑색과 회색의 빛깔들, 둔한 종소리, 바이올린의 G현, 가을밭에 보이는 연기, 산길에 흩어진 비둘기의 털, 자동차에 앉은 출세한 부녀자의 좁은 어깨, 흘러다니는 가극단의 여배우들, 세 번째 줄에서 떨어진 광대, 지붕 위에 떨어지는 빗소리, 휴가의 마지막 날, 사무실에서 때묻은 서류를 뒤적거리는 아가씨의 손길을 보게 될 때, 보름달 밤 개 짖는 소리, 크누크 함순의 이삼 절, 어린아이의 배고픈 모양, 철장 안에 보이는 죄수의 창백한 얼굴, 무성한 나무 위에 떨어지는 백설, 이 모든 것들이 우리 마음을 슬프게 한다고 했습니다. 안톤 슈나크도 참 많은 것을 보고 슬퍼한 모양입니다. 안톤 슈나크가 다시 태어나 우리나라의 산을 올랐다면 아마 이런 것들이 있어 슬퍼했을 것입니다.

숨겨진 쓰레기가 슬프게 했을 것입니다. 입산금지라고 쓰인 곳을 아랑곳하지 않고 활보하는 사람들이 슬프게 했을 것입니다. 다 자라지도 않은 산나물을 뿌리째 뽑아가는 사람들이 슬프게 했을 것입니다. 이른 새벽부터 산 정상에서 술을 파는 산 아저씨가 슬프게 했을 것입니다. 산에 올라 고성을 지르는 사람이 슬프게 했을 것입니다. 산에서 음식을 만들어 먹는 사람들이 슬프게 했을 것입니다. 나무를 못살게 구는 사람들이 슬프게 했을 것입니다. 산을 화장실로 사용하는 사람들이 슬프게 했을 것입니다. 색안경 안으로 보이는 음흉한 눈빛이 슬프게 했을 것입니다. 핏줄처럼 땅 위로 튀어나온 나무 뿌리들이 슬프게 했을 것입니다. 짓밟힌 민들레 신음소리가 슬프게 했을 것입니다. 산새가 살다 간 빈 둥지가 슬프게 했을 것입니다. 가지 부러진 나뭇가지가 슬프게 했을 것입니다. 그를 바라보며 애써 산에 오르는 사람들이 더욱 그를 슬프게 했을 것입니다.

건강을 찾아 많은 사람들이 산에 오릅니다. 산에서 건강을 찾는 만큼 산을 사랑하면 좋겠습니다. 산을 사랑하는 사람은 악한 사람이 없다고 합니다. 산을 찾는 사람 모두 지성과 인격을 두루 갖춘, 산이 사랑하기에 충분한 산사람이 되기를 기원합니다.

살아 있는 제자와 죽은 스승

80년대 말 민주화 물결로 나라가 하루도 조용할 날이 없었습니다. 대학교라고 예외는 아니었습니다. 강의를 하고 있는데 운동장에서 학생들이 확성기를 틀어놓고 "○○○ 물러가라! 물러가라! 물러가라!" 하는 구호가 끊이지 않았습니다. 민주화를 바라는 젊은 학생들의 열의가 장안을 뒤흔들고 있었습니다. 거리에는 거의 매일 매캐한 최루탄 냄새가 코 벽을 자극했습니다. 최루탄 냄새가 국민들 가슴에 지울 수 없는 흔적을 남기고 있었습니다.

국민의 한 사람으로서 나도 예외일 수 없었습니다. 비록 몸은 강단에 있었지만 마음은 불의에 울분하고 정의에 박수를 보내고 있었습니다. '행동하는 양심', '행동하는 지성인'이라는 단어가 부끄러운 훈장처럼 느껴졌습니다. 마음과 행동이 일치하는 지식, 그 지식이 참지식이라는 것 정도는 익히 알고 있던 터였습니다. 아는 게 병이라고 이게 그렇게 참기 힘든 병이 되리라는 것은 미처 몰랐습니다.

나약한 선비의 소리 없는 아우성이 바로 이런 것이구나 하는 생각에 괴로워했습니다. 더 열심히 가르치는 것이 나의 본분임을 구실로 순간을 모면하고 있었다는 게 올바른 지적일 것입니다. 그런 세월이 나의 중년 시절의 모습이었습니다.

유월 어느 화창했던 날 오후 조금은 더위를 느끼는 날이었습니다. 그날도 예외 없이 시국사건으로 나라가 온통 춘추전국시대 같았습니다. 점심식사를 마치고 연구실에서 책을 보고 있는데 운동장에서 노랫소리가 들려왔습니다. 학생들이 또 시위를 하고 있었습니다. 플래카드를 몇 개 들고 100여 명의 학생들이 덜 훈련된 군인들처럼 삼삼오오 떼를 지어 걸어가면서 구호를 외치거나 노래를 부르고 있었습니다. “물러가라! 물러가라! ○○○ 물러가라! 타도하자! ○○○ 정권, 쟁취하자 민주주의!” 이런 구호가 교정을 울리고 나더니 이윽고 노래를 부르기 시작했습니다. 민중가요로 잘 알려진 ‘임을 위한 행진곡’이라는 노래였습니다. ‘산 자여 따르라!’ 이 구절이 내 가슴 깊이 못을 박고 있었습니다. ‘산 자여 따르라!’ 바꿔 말하면 죽은 자는 따르지 말라는 말이 아닌가? 그럼 나는 산 자인가? 죽은 자인가? 저들의 뒤를 따르지 않고 있으니 나는 죽은 자라는 말인가? 육신은 살아 있어도 정신은 죽었다는 말인가? 뛰이 나가 앞장을 설까 말까? 이렇게 내면의 갈등이 정리되어 갈 즈음 학생들의 시위도 끝이 났습니다. 기회의 상실이었습니다. 삶은 타이밍이라는데 타이밍을 놓친 것이었습니다. 뜸을 들이다가 죽은 자가 되고 만 것입니다.

후회는 패자의 언어라고 합니다. 승자에게는 후회라는 단어 자체가 없다고 합니다. 승자는 후회할 일을 하지 않기 때문일 것입니다. 수많은 젊은이들의 피와 땀의 대가로 이 땅에 오늘날과 같은 민주화가 이뤄지게 된 것입니다. 큰 지진이 지나가면 작은 여진들이 계속되듯이 민주화 화산은 어느 정도 진정되었으나 아직도 여진이 남아 있습니다. 크고 작은 시위와 불만이 끊이질 않습니다. 민주화의 후유증이 다 가시지 않던 어느 날, 내게 제자로부터 한 통의 편지가 도착했습니다.

이해용 교수님께

교수님 안녕하세요?

졸업하고 처음으로 인사드리는 것 같네요. 카드 겉봉을 보고 놀라진 않으셨는지 모르겠습니다. 94년 봄에 졸업하고 주욱~ 학생운동을 더 했습니다. 늦게 배운 도적질이 밤새는 줄 모른다고 과학생회에서 일할 때만 해도 양심적으로 살고 싶은 그저 평범한 학생이었던 제가, 그 양심을 가로막아 나서는 여러 것들에 대항하다 보니 10년 학생운동이 되어버렸습니다. 온 국민을 놀라게 했던 96년 ○○대 사건 때에는 ○○련 중앙 간부로 ○○대 중앙상황실에 있었습니다. 사실과 다른 보도, 왜곡·과장의 파도 속에서 울분을 터트렸던 그때가 기억납니다. 97년 ○○대에서 ○○련 출범식, ○○○ 씨의 사망. 그때도 저는 ○○대 학생회관에 있었습니다. 기자들의 문의전화에 나중에서야 ○○○ 씨가 사망한 것을 알았지만 아직도 풀리지 않는 의문이 많습니다. 아무튼 96년, 97년 ○○련 중앙 간부였다는 이유로 저는 수배자가 되었습니다. 그리고 2년여의 도피 생활 끝에 먼저 농성하고 있던 사람들과 합류하였습니다. 〈○○○ 정권 시절 정치수배자 수배해제를 위한 조계사 농성단〉으로 출발한 농성이 총 400일을 넘었고, 제가 합류한 지는 100일이 되어갑니다. 이번 8·15에서도 저희의 수배 해제는 이루어지지 않았습니다. 준법서약서나 ○○련 탈퇴서를 쓴다면 지금이라도 자유를 준다고 하지만, 비록 예전처럼 박수소리 크지 않아도 자기 희생적으로 싸우고 있는(때로 보이는 부족함은 인정하지만요) 후배들을 더욱 어렵게 할 '○○련 탈퇴서'와 사상의 자유, 양심의 자유를 짓누르고 있는 '준법 서약서' 앞에 제 내면의 양심을 발가벗길 순 없습니다. ○○○ 정권 시절 수배자가 아직 50명쯤 남아 있지만, 이미 ○○○ 정부 들어 수배자가 3~400명에 이르고 있는 만큼 저희는 이제 제 한몸 수배 해제에 연연함 없이 '정치수배해제 ○○사 농성단'으로 개칭하고 하반기 국가보안법 철폐 싸움에 온 힘을 보탤 자정입니다. 오랜만에 인사드리다 보니 제 근황을 말씀드리는 데만 온 지면을 다 소비해 버렸네요. ○○사 밖으론 한 발자국도 나갈 수 없어 이렇게 카드로만 인사드림을 이해해 주세요. 그래도 여기 들어

와서 몇 년 만에 부모님 뵙고 연락 못 했던 친구들 만나니 참 좋더라고요. 11~12월까지는 여기에 있는 게 도리인 것 같은데요. 수배해제가 되든 아님 구속되어 형을 받고 나오든 자유의 몸이 되면 꼭 찾아뵙겠습니다. 명절이 오히려 더 괴로운 사람이 주변에 많이 있던데요. 모두에게 행복한 명절을 기원해 봅니다. 한해 땀 흘려 수고한 만큼 수확의 기쁨이 큰 가을 맞으시길 기원합니다. 선생님 건강하세요.

- 99. 9. 21. ○○사에서 90학번 ○○○ 올림

이 제자는 한때 공부를 열심히 하다가 학생장에 당선된 것을 계기로 학생운동을 하게 되었습니다. 학생장을 하겠다고 내게 인사차 찾아왔기에 나름대로 충고해 주었던 기억이 생생합니다. "민주화 운동이 생각처럼 그렇게 쉬운 일이 아니다. 하려면 국가와 민족을 위해 목숨을 걸고 진짜 민주 투사가 되어라. 아니면 공부를 열심히 하라"는 충고였던 것으로 기억이 납니다. 나는 혁명가도 민주투사도 아닙니다. 다만 학생들을 가르치는 스승의 입장에서 바라보는 세상은 많은 위정자들이 상식이 통하는 사회를 만들면 되는데 왜 저다지도 어리석은 일을 할까? 하는 생각은 늘 갖고 살았습니다. 그리고 지금도 그 생각에는 변함이 없습니다.

나는 제자들한테 편지를 받으면 특별한 경우가 아니면 답장을 하는데 이 편지에 대해서는 아직까지 답장을 하지 못했습니다. 답장

을 쓰기 싫어서 안 한 것이 아니라 보낸 이 주소가 불분명해서 못 한 것입니다. 그리고 찾아오기를 기다렸습니다. 어느 날 이 제자가 내 연구실을 찾아오기를 나는 오늘도 기다립니다. 제자가 한 약속이기에…. 살아 있는 제자와 죽은 스승이 만나 대화를 해보고 싶기에 말입니다.

외할머니의 소원

외할머님은 102세에 세상을 떠나셨습니다. 31세의 젊은 나이에 홀로 되셔서 80여 년을 외롭게 사시다가 저세상으로 가셨습니다. 말로는 다할 수 없는 한을 남기고 가셨습니다. 이런 외할머님에게 나는 할 말이 많습니다. 내가 외가 집에서 자란 이유도 있지만 남편 없이 외할머님 혼자 겪으셨던 많은 일들이 어린 마음에도 측은했기 때문입니다. 외할아버님은 어머니가 13살 되던 해 29세에 돌아가셨습니다. 외할아버님은 15세, 외할머님이 17세일 때 결혼했으니 결혼생활 14년 만에 세상을 떠나신 것입니다. 비록 짧은 기간이었지만 그래도 2남 2녀를 두셨습니다. 31세에 홀로 되신 외할머님은 4남매를 키우느라 억척스럽게 사셨습니다.

엎친 데 덮친 격으로 6·25전쟁이 일어나 고등학교에 다니던 큰 아들을 나라에 바치셨습니다. 학도병으로 나갔던 아들이 낙동강 전투에서 전사한 것입니다. 젊어서 서방님을 여의시더니 다시 아들을 가슴에 묻게 되었던 것입니다. 지금과 같이 개방된 시절에도 혼자 아이들을 키는 것이 어려운데 옛날 그것도 젊은 여자가 4남매를 키우기란 쉽지 않았을 것입니다. 해방되기 직전이라 살기가 더욱 어려웠을 것입니다.

외할아버님이 돌아가신 뒤로 외할머님은 생계를 위해서 농사를 지으셨습니다. 논에 벼가 익을 때쯤이면 면사무소에서 직원들이 나와 농지세를 매긴 모양입니다. 언제나 그렇겠지만 주는 쪽에서는 많이 내는 것 같고, 받는 쪽에서는 적게 받는 느낌이 있기 마련입니다. 면사무소 직원들은 아직 거두어들이지 않은 논에 가서 벼 이삭을 세어 생산량을 어림잡아 계산하여 세금을 부과했다고 합니다. 글을 모르는 외할머님 입장에서는 언제나 억울하기만 했습니다. 그때라고 공직자들이 모두 청백리였을 리 만무하고 지금보다 더하면 더했지 나을 리 없었을 것입니다.

남정네가 있는 집에서는 면 직원과 사바사바(일본말로 구슬리는 행위)해서 세금이 적게 나왔다는 등의 말이 있었다니 외할머님 입장에서야 얼마나 억울했겠습니까? 이럴 때면 외할머님은 집안에 면 직원이라도 한 명 있으면 얼마나 좋을까? 하며 한숨을 쉬곤 하셨답니다. 그게 한이 되어서 외할머님은 아들 중에 하나라도 공무원이 되기를 바라셨습니다. 어린 내게도 공부 잘해서 공무원이 되길 바라셨습니다. 그게 외할머님의 소원이셨습니다. 나는 어린 마음에도 외할머님을 위로하기 위하여 자신 있게 그러겠노라고 약속

했습니다. 그러나 나는 지금 세상에서 가장 권력이 없는 훈장이 되고 말았습니다. 외할머님이 돌아가신 날 영정 앞에 서서 외할머님과 한 약속을 지키지 못해 죄송하다고 빌었습니다. 그리고 말씀드렸습니다. 요즘은 옛날처럼 면서기가 세금을 매기지 않으니 안심하시라고….

지금은 하늘에서 편안한 마음으로 우리를 바라보실 외할머님을 생각하면 못다 한 일들이 별처럼 초롱입니다.

자네 인생이라고 자네 마음대로 살 수 있는 것이 아니네

도토리 키재기라는 말이 있습니다. 고만고만하다는 얘기입니다. 고만고만한 사람들이 만나 고만고만한 이야기를 하고 고만고만하게 살다가 앞서거니 뒤서거니 떠나는 것이 인생사라 생각합니다. 잘난 사람이나 못난 사람이나, 배운 사람이나 못 배운 사람이나, 부자나 가난뱅이나 모두가 나서 자라고 사랑하다 아침 이슬처럼 사라집니다. 능력이 뛰어난 사람이나 배움이 하늘을 찌른다는 사람도 완벽할 수 없는 것이 우리네 인생입니다. 용쓰는 재주를 다 부려봐도 안 되는 일은 안 됩니다.

비슷한 연배의 사람들이 대부분 그렇게 살았지만 나 역시 조상한테 물려받은 논 몇 마지기와 밭 몇 뙈기를 지어 먹고사는 농부의 아들로 태어났습니다. 할아버지 대에는 동네에서 잘사는 부농이었다고 들었습니다. 그 덕분에 어려운 시기에도 아버님 형제분들은 모두 고등교육을 받을 수 있었습니다. 아버님도 고등학교를 졸업하고 이른 나이에 직장생활을 했다고 합니다. 시작은 그런대로 좋았던 것 같습니다. 그런데 아버님의 직장생활이 원만하지 못해 중도에 그만두게 되면서 집안이 어려워졌습니다. 시대가 바뀌면서 가정은 더욱 어렵게 되었습니다. 게다가 한 해 건너서 태어난 형제가 7남매나 되었습니다. 식솔들이 늘면서 점차 입에 풀칠하기도 어려웠습니다. 이런 환경에서 태어나고 자랐는데도 타고난 인성은 그렇게 나쁘지 않았던 모양입니다. 나쁜 놈이라는 말 대신 착하다는 말을 많이 듣고 자랐으니까요.

몸은 못 먹은 나귀처럼 허약했지만 초등학교와 중학교 시절에는 공부 잘한다는 소리를 들으며 자랐습니다. 어려운 가정에 태어나 대학에 실패하고 많은 고민을 하며 삼수라는 인고의 세월을 인생 공부하며 보내기도 했습니다. 대학에 입학하자마자 군에 입대해서 3년에서 한 달 모자라는 군대생활을 마치고 대학에 복학했습니다. 대학 4년 동안 학업에 정진하기보다는 먹고살기 위해 돈 버는 일에 더 치중하며 살아야 했습니다. 졸업하면 세상에 있는 돈 다 벌겠다는 것이 나의 꿈이었습니다. 돈을 벌어 가난에 찌든 내 고향을 그림에서 보았던 스위스의 시골 마을처럼 평화롭고 아름다운 마을로 만드는 것이 나의 꿈이었습니다. 생의 목적을 돈 많이 버는 것으로 정하고 살았으니 배움에는 별로 관심이 없었습니다.

시대도 어수선하여 거의 매 학기 데모로 정상적인 수업이 진행되지 못했습니다. 한때는 친구들과 공직에 뜻을 두고 고시공부를 한 적도 있습니다. 그러다 당시로는 불치의 병으로 알려진 결핵을 앓게 되어 중도에 포기하고 말았습니다. 아마 타고난 운명이 공부와는 거리가 멀었던 모양입니다. 대학 졸업 직전 대기업의 자회사에 취업하여 일한 적도 있었습니다. 빠른 시일에 사장이 되고자 하는 욕망이 택한 직장이었습니다. 그러나 3개월을 버티지 못하고 연구소로 자리를 옮기게 되었습니다. 돈 벌려고 회사에 취업했다가 연구직으로 자리를 옮기게 된 것입니다. 연구소에서 매일 연구하는 일도 적성에 맞는 것 같지 않았습니다.

기술연구소다 보니 통계학을 전공한 사람은 아웃사이더에 불과했습니다. 정상적으로 공부하고 들어온 사람들이 많아 전문적인 지식도 부족했습니다. 우여곡절 끝에 대학원에 입학하여 통계학을 다시 배우기 시작했습니다. 학부에서 배우지 못한 학문을 나름 열심히 하며 지냈습니다. 전자통신연구소에 다니면서 연구소 동기인 여자와 결혼도 하게 되었습니다. 책임져야 할 가족이 생겼습니다. 또한 벨기에에 있는 BTM 연구소에 파견되어 교육을 받는 기회도 있었습니다. 연구소 규모가 커지면서 독립 연구소가 되었습니다. 한국과학기술연구소에서 나와 처음에는 광화문 네거리에 있던 체신부 건물에서 근무했습니다. 그 뒤에는 남산 타워 건물로 이전했습니다. 눈이 내리면 걸어서 올라가야 하는 불편도 있었지만 서울을 한눈에 바라볼 수 있는 멋진 곳이기도 했습니다. 12·12사태도 거기서 겪었습니다. 그 후 대덕에 연구단지가 생기면서 연구소가 그곳으로 내려가게 되었습니다. 집 없는 서민의 애환과도 같은 연구소의 이전이었습니다. 이를 기회로 나는 연구소를 떠나 대학으로 자리를 옮기게 되었습니다. 돈을 많이 벌어 고향을 아름다운 마을로 만들겠다는 젊음의 웅지가 물거품이 되는 순간이었습니다. 지금도 그 미련은 남아 기회만 있으면 복권을 사는 만용을 부리기도 합니다.

대학으로 직장을 옮긴 데에는 마음의 결의가 있었습니다. 물질적인 부보다는 정신적인 충만으로 살리라는 것이었습니다. 돈으로 승부를 낼 가능성이 없어 보이니 교육으로 눈을 돌린 것입니다. 어찌 보면 패자의 변명이자 돌파구였는지도 모릅니다. 세계적인 석학이 되자는 기대보다는 내 마음 하나 깨끗하게 닦고 사는 것이 어떻게 보면 물질적으로 이웃에 도움을 주는 것보다 더 이로울 수 있을 것이라는 생각에서였습니다. 또한 대학 교수라는 집단의 순수함과 지적 세계를 동경하기도 했습니다. 나보다 많은 학식을 가진 사람을 만나 한 수 배우며 살자는 순진한 생각을 한 것도 사실입니다. 현실에서 이상으로 물질세계에서 정신세계로 외연을 넓힐 수 있을 것이라는 기대감으로 교수직을 택했던 것입니다.

그러나 결론부터 말하면 또 착각이었습니다. 교수도 인간이고 생활인이었습니다. 제 전문분야의 지식은 깊을지 모르지만 인간의 본질적인 문제로 흉금을 털어놓고 대화를 나누며 지낼 선배나 동료는 찾지 못했습니다. 그 이유는 99% 내 잘못입니다. 돈은 고사하고 술 한 잔 나오지 않는 시덥지 않은 이야기를 하며 살기에는 우선 시대가 용납하지 않았습니다. 시대는 답을 내놓으라는 분위기였습니다. 인간의 문제가 그렇듯이 어디 다 100% 답이 있는 문제들입니까? 괴테나 데카르트나 헤겔도 어떻게 할 수 없었던 인생문제를 단기간에 답을 기대한다는 것은 우물가에서 숭늉 찾는 거나 뭐가 다를까요? 교직도 일반 직장처럼 편하고 월급 많이 주는 곳이면 좋겠다는 일반론적인 범주를 벗어나지 못한 곳이라는 것을 깨닫는데 많은 시간이 지난 뒤였습니다.

그래도 미련은 남아 있나 봅니다. 배는 조금 고파도 마음 편하게 사는 것이 더 행복하다는 생각을 부적처럼 가슴에 달고 살아왔으니 말입니다. 미래의 삶에 확실한 답이 있을까요? 인생의 행복이라는 것이 어디 한마디로 정의할 수 있는 문제인가요? 죽고사는 문제가 술 한 잔 마시는 시간에 해결될 문제인가요? 그래도 누군가와 속시원하게 목소리 볼륨을 키워가며 나눠보고 싶었습니다. 서로의 의견을 존중하며 부정 속의 긍정을 찾아갔던 배고픈 선인들의 길을 부러워했습니다.

음담패설의 유혹에서 벗어나 내면의 세계를 들여다보기 위해 지새워야 했던 숱한 시간들이 그리웠습니다. 무지에서 오는 몸부림이었을 것입니다. "내 인생이라고 내 마음대로 살 수 있는 것이 아니라네"라고 말씀하시던 어느 어르신의 말씀에 백 번 공감하며 살고 있습니다. 단 한 번 주어진 생을 연습 삼아 살기에는 너무도 아깝습니다. 냉철한 머리로 사는 것보다는 따뜻한 가슴으로 사는 것을 동경합니다. 한 잔 술에 인생을 만나고, 두 잔 술에 인생을 사랑하며, 세 잔 술에 인생에 미치고, 네 잔 술에 졸도를 한다 해도 인생은 참 아름다운 것이라고 믿으며 살렵니다.

술을 끊으려면 친구를 바꿔라

계사년(癸巳年) 새해가 시작되었습니다. 새해 아침을 맞으려 천리 길도 마다하지 않고 해외로 떠나는 사람들이 많습니다. 조금 멀게는 제주도나 동해로 떠나는 사람도 있습니다. 사정이 어려워 먼 여행에 동참하지 못한 사람들은 근교의 산이나 들 아니면 가까운 바닷가로 나가 새해 첫날 떠오르는 해를 맞이합니다. 새해 첫날 솟는 해가 여느 날에 뜨는 해보다 아름다워서 보러 가는 것이라 생각하지는 않습니다. 소망하는 것들을 이루게 해달라고 빌거나 자신과의 약속을 굳게 다짐하기 위해서 새해 첫날 떠오르는 해를 맞으러 가는 경우가 많습니다.

나도 가능하면 동참합니다. 멀리 떠나는 여행이 아니라 집 근처에 있는 검단산에 오릅니다. 산의 정상에 올라 일출을 보려면 꼭두새벽에 집을 나서야 합니다. 숨을 헉헉거리며 한 시간 반 정도를 올라야 정상에 도착합니다. 남이 시키는 일이라면 돈을 줘도 하지 않을 일을 기쁜 마음으로 합니다. 새해 첫날 일출을 보며 마음 다짐을 하고 소원 성취를 빕니다. 부자되게 해주십사, 건강하게 지내게 해주십사, 성공하게 해주십사, 풍년들게 해주십사, 세계가 평화롭게 해주십사 하며 기도 드립니다. 금연을 하겠다거나, 금주를 하겠다거나, 열심히 살겠다는 것과 같은 다짐도 합니다. 그러나 다짐이란 3일 넘기기가 쉽지 않습니다. 작심삼일이니 하는 말이 존재한다는 것 자체가 이를 확인해 주고 있습니다.

나도 한때는 술도 한 잔씩 하고 담배도 피웠습니다. 그러다 건강이 좋지 않아 의사 선생님이 금연하지 않으면 죽는다기에 하루아침에 금연과 금주를 하게 되었습니다. 술을 하지 않으니 친구나 지인을 만나면 신소리하는 것이 줄었습니다. 인사말 몇 마디 건네고 나면 별로 할 말이 없었습니다. 말문이 막히고 만나면 즐길 것이 없어지자 친했던 친구들이 자연히 소원해지기 시작하고 만나는 횟수가 예전만 같지 않았습니다.

직장에서도 소문이 나게 되니 술 마시는 친구는 점차 떠나갔습니다. 그 대신 비주류들이 그 자리를 채웠습니다. 술을 사들고 찾아오던 제자들도 술병 대신 과자나 빵 종류를 사들고 오는 경우가 많아졌습니다. 몇 년을 술과 떨어져 지내고 나니 만나게 되는 친구는 술을 못하거나 종교적인 이유로 술을 하지 않는 장로나 집사와 같은 이들이 새로운 친구가 되었습니다. 최근 들어서는 조금씩 술을 입에 대지만 술을 하지 않는 친구들을 만나면 술 생각이 나지 않습니다.

새해 아침에 공들여 다짐하는 것도 좋지만 금주를 하거나 금연을 실천하기 위해서 먼저 친구부터 바꿔보면 어떨까요? 뭐? 친구를 바꿔? 나 그냥 살다가 죽을란다. 이래저래 다짐은 다짐으로 족한가 봅니다. (2013년 1월 3일)

외롭지 않으려거든

한평생 일만 하면서 살라고 하면 참으로 살기 힘들 것입니다. 천상병 시인은 "이 세상에 와서 잘 놀다 간다"고 했습니다. 세상을 놀다 가는 것처럼 살다 가는 것도 좋을 성싶습니다. 그러나 정의롭게 살아야 한다고 배웠습니다. 저마다 타고난 능력을 개발하고 주어진 사명감을 갖고 살아야 한다고도 배웠습니다. 그렇게 하는 것이 인간답게 사는 것이라고 배웠습니다. 놀면서 살라는 말은 들어본 적이 없습니다. 이것저것 배우며 살다 보면 어느덧 인생이 황혼기에 들어서게 됩니다. 그렇게 놀고 싶었는데 제대로 놀아보지도 못하고 끝입니다.

"세상에서 가장 확실한 것은 누구나 죽는다는 것입니다"라는 말처럼 누구나 나이가 차면 죽게 되어 있습니다. 원하든 원하지 않든 나이가 들면 일자리도 잃게 됩니다. 생산성 면에서 보면 나이가 든다는 것은 필요가 없어지게 된다는 것입니다. 일자리도 잃고 소득도 없고 자연히 노는 것도 위축되니 친구 만나기도 예년 같지 않게 됩니다. 자주 만나고 싶은 친구도 적어지지만 만나면 옛날처럼 밝고 희망찬 이야기 대신 지나간 추억이나 암울한 미래에 대한 걱정만 하게 됩니다.

젊을 때에야 할 일도 많고 놀 일도 많으니 외롭거나 심심할 틈이 없습니다. 그러나 나이가 들어가자 많은 것에서 제약을 받게 됩니다. 건강이 그렇고 경제력이 그렇고 친구가 그렇습니다. 나이가 들면 주위 친구들의 놀이 문화도 각자가 다른 경우가 많습니다. 어릴 때처럼 공짜로 할 수 있는 놀이가 그리 흔하지 않습니다. 만나면 먹어야 하고 마셔야 합니다. 다 돈이 들어가는 일입니다. 성장하면서 달라진 삶만큼 경제 사정이 다르고 문화도 많이 달라집니다. 옛날 같이 아무렇게나 만나 같이 즐길 수 있는 관계가 아닙니다. 아무 때나 만나 놀 수 있는 환경도 아닙니다. 어린 시절처럼 만나기만 하면 하루해가 모자랄 정도로 함께 즐길 수 있는 처지가 아닙니다. 길거리를 배회하거나 닭장 같은 아파트에 갇혀 하루 종일 신문 쪼가리나 들춰보거나, 아니면 TV 앞에 앉아 리모컨을 만지작거리거나, 손자 놈 컴퓨터를 동무 삼아 자판을 두드리며 지내는 것이 일상이 되어버립니다. 그렇지 않으면 하루가 너무도 깁니다.

나이든 사람만이 그렇다면 그래도 불행 중 다행이라 하겠습니다. 남녀노소를 막론하고 이런 부류가 많다는 것이 더 큰 문제입니다. 인간이라는 두 글자 중에서 인(人)만 남고 간(間)이 사라져가고 있음을 의식할 수 있습니다. '간'은 둘 이상의 관계에서 사용되는 말로 인간의 의미는 둘 이상의 삶의 관계를 나타내고 있습니다. 그러나 점차 인간과 인간의 관계가 줄어들고 인간과 사물(컴퓨터나 이동전화 및 게임기) 간의 관계가 깊어가고 있습니다. 인간과 인간의 관계가 소원해지니 외로운 사람들이 많이 생겨납니다. 자살이 늘어나는 것도 그와 무관하지 않습니다.

세상에 큰일한 사람 치고 외로움을 이기지 않은 사람은 없습니다. '높은 위치에 있는 사람일수록 외롭다'는 말은 바로 이런 현상을 말하는 것입니다. 가정에서는 가장이 외롭고, 직장에서는 사장이 가장 외롭다고 하지 않습니까? 그러나 막상 그들은 일하고 있는 동안에는 절대로 외로움을 느끼지 않습니다. 해야 할 일이 너무 많기 때문입니다. 바빠 죽겠다는 말은 많이 들어봤지만 외롭다는 말은 들어본 적이 없습니다. CEO에게 외롭다는 말은 곧 CEO의 죽음을 의미하기 때문입니다.

개인주의가 극성을 떨칠수록 사람과 사람과의 관계는 소원해지는 것이 일반적인 현상입니다. 혼자 지내는 시간이 많아지니 외로울 수밖에 없습니다. 혼자서도 외롭지 않기 위해서는 혼자서도 즐길 수 있는 생활을 만들어가야 합니다. 찾아보면 혼자서도 즐길 수 있는 것들이 많이 있습니다. 등산을 하거나 독서를 하거나 명상을 하거나 아니면 봉사를 하거나 농사를 짓거나 혼자서 할 수 있는 뜻깊은 일을 하는 것입니다. 독서를 벗 삼아 산다는 말도 있지 않습니까? 혼자서도 즐기며 할 수 있는 일을 하는 것입니다. 일에 푹 빠져서 지내는 것입니다. 열심히 일하는 동안에는 외로움을 느낄 시간이 없습니다. 외로움이 느껴지는 일은 바람직한 일이 아닙니다. 외롭지 않게 매일매일 즐거운 삶을 살아갈 수 있는 사람이 되는 것입니다. 처음에는 어렵겠지만 계속 하다 보면 혼자서도 외롭지 않게 살 수 있게 됩니다. 외롭지 않으려거든 자기 일을 사랑하고 즐겨야 합니다. (2012년 12월 31일)

거짓말

세상에 거짓말하지 않고 사는 사람은 없을 것입니다. 나도 가끔 거짓말을 하지만 어쨌든 거짓말을 참 싫어합니다. 그래서 조카들에게 삼촌이 제일 싫어하는 사람은 '거짓말하는 사람'이라고 교육시켰습니다. '정직이 최선의 정책이다(The honesty is the best policy)'라는 말을 확실히 믿었기에 그렇게 교육시켰던 것입니다. 이 세상에 빽 없고, 돈 없고, 능력 없는 사람이 조금이래도 떳떳하게 살아갈 수 있는 유일한 길은 정직뿐이라는 신념이 있었기 때문입니다.

거짓말에도 등급이 있습니다. 긴가민가한 거짓말은 보통 거짓말, 거짓말이라는 것이 바로 들통 나는 거짓말을 새빨간 거짓말이라 하고, 거짓말이지만 의도가 좋은 거짓말은 선의의 거짓말(white lie)이라고 합니다. 거짓말이나 새빨간 거짓말은 아무튼 진실이 아닌 말이므로 해서는 안 되는 것임에 틀림없습니다.

어느 날 어린아이가 우물을 향해 기어가고 있었습니다. 곧 우물에 빠질 위험에 처한 아이를 보고 맹자가 "아나 ~젖!" 하며 아이를 향해 소리쳤습니다. 아이는 젖 소리를 듣고 우물로 향하던 길을 돌려 맹자 쪽으로 오게 되어 위험을 넘겼습니다. 이런 광경을 보고 있던 제자가 맹자에게 "선생님은 젖이 없으시면서 어린아이에게 왜 거짓말을 하십니까?" 하고 물었습니다. 그에 맹자는 거짓말은 했어도 사람의 목숨을 살렸으니 좋은 거짓말이라고 했다고 합니다.

4대 성인 중 한 분인 공자도 거짓말을 했다는 일화가 곽말약(郭沫若)이 쓴 실록 소설『공자』에 나옵니다. 공자가 제자를 데리고 여행하는 길에 노자가 떨어져 밥을 굶게 되었습니다. 어느 마을에 도착한 공자가 제자에게 아랫마을 음식점에 가서 찬밥이라도 한술 얻어오라고 일렀습니다. 제자가 음식점에 들러 구걸을 했는데 마침 음식점 주인이 제자에게 자기가 쓴 글자를 맞히면 밥을 공짜로 주겠다고 했습니다. 제자가 흔쾌히 응하자 주인은 '眞' 자를 쓰면서 읽어보라고 했습니다. 제자는 쉬운 글자인지라 바로 '진'이라고 읽었습니다. 대답을 들은 주인은 제자를 향해 이런 엉터리가 있냐며 호통을 치며 내쫓았습니다.

빈손으로 돌아온 제자로부터 자초지종을 듣고 이번에는 공자가 직접 그 음식점에 갔습니다. 음식점 주인은 똑같은 글자를 써 보이며 공자에게 읽어보라고 했다. 공자는 주저하지 않고 '眞' 자를 직팔(直八)이라고 읽었습니다. 그러자 주인은 당신이야말로 훌륭한 선생님이라며 일행에게 한 상 잘 차려주었습니다. 밥을 잘 얻어먹고 난 다음 제자는 공자에게 "선생님, 왜 '진'을 '직팔'이라고 읽었습니까?" 하고 물었습니다. 이에 공자가 답하길 "지금은 진(眞)이 통할 때가 아니다. 진실대로 말하고 산다면 굶어 죽기 딱 알맞다"라고 대답했습니다. 이 이야기는 공자도 경우에 따라서는 거짓말을 했다는 일화입니다.

또한 빅토르 위고가 쓴 『레 미제라블』에 나오는 이야기 중에 미르엘 신부가 헌병에게 거짓말을 해서 장발장이 도둑을 면한 장면은 선의의 거짓말의 백미가 아닐 수 없습니다. 19년간 감옥생활을 마치고 나온 장발장은 비록 석방은 되었으나 위험한 인물이라고 쓰여진 노란 여행증 때문에 음식을 사먹을 수 없었으며, 여관에서 잠도 잘 수 없는 신세가 되었습니다. 배도 고프고 잠도 잘 자지 못해 몹시 피곤한 장발장은 미르엘 신부가 사는 곳으로 가게 되었습니다. 신부로부터 뜻하지 않게 음식과 잠자리까지 제공받은 장발장은 잘 먹고 잘 자고 일어났습니다. 새벽에 잠에서 깨어난 장발장은 저녁식사 때 식당에서 보았던 값비싼 여섯 벌의 은식기가 생각나 배은망덕하게도 은식기를 훔쳐 달아났습니다. 달아나다 헌병에게 붙잡혀서 끌려온 장발장을 보고 신부님은 장발장이 가지고 있는 은식기는 훔친 것이 아니라 자신이 준 것이라고 거짓말을 했습니다. 그뿐만 아니라 촛불을 밝히는 은촛대까지 주었는데 왜 가져가지 않았느냐며 장발장에게 은촛대까지 싸주었습니다. 이와 같은 신부님의 거짓말로 장발장은 도둑으로 몰리지 않게 되었다는 이야기입니다.

내게도 35년 전에 무심코 했던 거짓말이 지금까지 내 자존심에 치명상을 입히는 것이 있습니다. 우리 형제는 3남 4녀로 대가족입니다. 그 당시 대부분의 시골에서 7남매 정도는 보통이었고 많게는 10남매를 둔 집도 있었습니다. 형제가 많은 것이 다복한 시대이니 그리 흉이라 할 것은 아니었습니다. 결혼을 앞두고 데이트할 때였습니다. 여자 친구가 내게 가족사항을 묻기에 아무 생각 없이 편한 마음으로 3남 3녀라고 얘기했습니다. 3남 4녀라 했어도 무방했을 텐데 순간적으로 딸이 넷이라는 것이 좀 많다 싶었는지 나도 모르게 3남 3녀라고 얘기하고 말았습니다. 그런데 이렇게 무심코 뱉은 거짓말이 사고를 치리라고는 꿈에도 생각하지 못했습니다. 문제는 데이트하던 그 여자와 결혼하게 되었기 때문에 터지고 말았습니다.

지금도 예단에 말이 많은데 당시는 더 심했습니다. 문제는 결혼을 앞두고 예단을 받은 우리 집에서 예단이 하나 부족하다는 것이었습니다. 그때 아차! 하는 생각이 머리를 스쳐 지나갔습니다. 데이트할 당시 여자 동생이 3명이라고 했던 것이 화근이 된 것입니다. 마누라가 된 당시 여인은 시누이가 3명인 것으로 알고 3명 분의 예단을 준비해서 보낸 것입니다. 내용을 모르는 부모님과 형제들은 예단이 하나 부족하게 왔다며 내게 전화로 알려주었습니다. 사실대로 이야기하지 않을 수 없어서 이야기하고 용서를 구했습니다. 착한 동생들은 서로 상의하여 한 여동생이 받지 않기로 하고 잘 넘어갔습니다.

그런데 시집에 온 마누라가 인사를 하다 보니 3명이어야 할 시누이가 4명이었습니다. 이를 의아하게 생각한 마누라는 어찌 된 일이냐고 물었습니다. 나는 어쩔 수 없이 사실을 고하고 동생들에게는 미안함을, 아내에게는 용서 아닌 용서를 빌었습니다. 사과하고 용서를 빈다고 거짓말이 지워질 리 없지만 그날부터 나는 사랑에 눈이 멀어 형제 숫자까지 속이고 결혼한, 좋게 보면 열혈남이요 나쁘게 보면 천하에 거짓말쟁이가 되고 말았습니다. 나는 지금도 순간의 작은 거짓말을 한 죄로 큰 벌을 받고 있습니다. 죗값을 돈으로 쳐서 지울 수만 있다면 지우고 싶지만 그게 그렇게 지우개로 글씨 지우듯 쉽지 않습니다. 아무튼 오는 결혼 기념일쯤에는 그 당시 예물을 받지 못한 동생을 찾아 미안함을 전하고 아름다운 선물을 하나 하렵니다.

모든 식물은 씨가 있어야 번식하는데 거짓말은 씨 없이도 잘 번식한다는 교훈을 새기며, 선의의 거짓말도 용납하지 않았던 칸트의 철학에 한 표를 던집니다. 이 글도 혹시 거짓말?

성공이란?

성공! 말만 들어도 가슴이 뛰는 말입니다. 이 세상 어느 누구도 성공을 싫어하지는 않을 것입니다. 귀가 뚫리기 시작하면서부터 죽는 날까지 하루도 거르지 않고 들어온 단어 중 하나가 '성공(成功)'이라는 단어가 아닌가 합니다. 성공하려면 공부를 열심히 해라. 옆집 아무개는 열심히 하더니 뭘 했다더라. 너도 성공할 수 있어! 부모가 널 위해 뼈 빠지게 고생하고 있으니 넌 꼭 성공해야 한다. 너는 우리 집의 대들보니 성공하여 집안을 빛내야 한다. 자나 깨나 성공, 죽으나 사나 성공이었습니다.

이런 기대 속에서 나름 최선을 다하고 산 것 같은데 오늘에 와서 보니 후회가 막급합니다. 부모님이 그토록 바라시던 고관대작은 고사하고 이 모양으로 살고 있으니 부모님 뵐 면목이 없습니다. 그렇다고 돈을 많이 벌어 백만장자가 된 것도 아닙니다. 그러니 세상에서 말하는 성공한 사람과는 거리가 멀어도 한참 먼 사람입니다. 남에게 손 벌리지 않고 바르게 살려고 노력하는 삶에 위안을 두고 살았습니다. 대학에서 학생을 가르치는 교수를 하고 있으니 보는 사람에 따라서는 성공한 사람으로 볼 수 있을 것입니다. 문제는 내 자신이 성공한 사람이라고 생각하지 않는다는 것입니다. 그렇다고 실패한 사람이라고 생각한 적도 없습니다. 아무 탈 없이 살다가도 이따금씩 들려오는 성공신화를 들으면 동요를 느낍니다. 아직 수양이 덜 된 탓인지 아니면 철이 덜 든 것인지 혼란스럽습니다.

성공의 사전적 의미는 두 가지가 있습니다. 하나는 '목적 또는 뜻을 이룸', 다른 하나는 '사회적인 지위를 얻음'으로 나와 있습니다. 일반적으로 우리가 알고 있는 사회적 성공이란 후자의 의미가 강한 것 같습니다. 사회적으로 높은 지위를 얻어 누리는 것을 의미합니다. 그러나 전자의 의미는 자기의 목적이나 뜻을 이루는 것이라고 되어 있습니다. 후자보다는 더 폭넓은 의미를 가지고 있습니다. 어떤 것이 되었든 자기의 목적이나 뜻을 이루는 것입니다. 사람에 따라서는 목적이나 뜻이 다양할 수 있습니다. 어떤 사람은 대통령이 되는 것을 인생의 목적으로 삼은 사람도 있고, 어떤 사람은 도를 닦아 열반에 드는 것이 목적일 수도 있습니다. 내가 알고 있는 한 젊은이는 나이트 클럽 운영하는 것을 꿈으로 갖고 있습니다.

가끔 TV에서 보았던 '통 아저씨'가 있습니다. 보통 사람은 할 수 없는 좁은 통을 통과하거나 작은 상자에 온몸 집어넣기 같은 특기를 보여주는 아저씨입니다. 그 아저씨의 꿈은 사람들에게 더 작은 통을 통과하는 모습을 보여주는 것이었습니다. 보통 사람들이 이해하기 어려운 꿈을 가지고 있습니다. 그리고 그 꿈을 이뤄나가고 있습니다. 젊은이들은 연예인이 꿈인 사람이 많습니다. 이들 각자의 꿈은 모두 소중합니다. 많은 사람이 부러워하는 꿈이 있고 그렇지 않은 것도 있습니다. 많은 사람이 부러워하는 꿈을 이룬 사람을 성공했다고 하는 것이 통설입니다. 그러나 따지고 보면 자기의 꿈을 이뤄서 만족하며 행복하게 사는 사람이 진정 성공한 사람이 아닐까요?

성공을 어떻게 정의하느냐에 따라서 성공이 의외로 쉬울 수도 있고 어려울 수도 있습니다. 본인이 성공한 삶을 살고 있다고 생각하면 성공이 아닌가요? 성공한 사람의 기준이 연예인이라면 연간 얼마 이상의 소득과 함께 인지도가 100명 중에 90명 이상은 되어야 한다거나, 공직자라면 장관급 이상은 되어야 하고, 부자라면 재산이 1조 원 이상 되어야 한다는 것과 같은 기준이 있다면 성공과 실패를 구분하기가 쉬울 수도 있습니다. 그러나 그 기준이라는 것이 법조문에 나와 있는 것도 아니요, 국민적 합의가 이뤄진 것도 아닙니다. 그렇다고 그 이하의 수준을 모두 실패한 사람이라고 말할 수 있을까요? 여기에 어느 누구도 동의하지 않을 것입니다. 모든 부와 명예를 버리고 초야에 묻혀 살면서도 성공한 사람 이상으로 여유로움과 평화로움으로 행복을 느끼며 사는 사람도 있으니 말입니다. 인생의 성패를 단순한 잣대로 평가할 수는 없습니다. 인간의 성공과 실패를 객관적으로 정한다는 것은 마치 이성간의 사랑의 성패를 하루에 몇 번 이상의 뽀뽀와 한 달에 얼마 이상의 선물을 하는 것으로 정하는 코미디 같은 발상에 불과한 일이 아닐 수 없습니다. 어느 사회나 나름대로 통설은 있을 수 있지만 그것은 어디까지나 통설에 불과합니다.

목적이나 뜻도 나이가 들면 바뀌게 되어 있습니다. 작은 목적이나 뜻은 하루에도 몇 개씩 이루며 살 수 있고, 1년 단위나 10년 단위로 쪼개서 보면 수많은 목적이나 뜻이 이뤄졌음을 볼 수 있습니다. 이는 성공이 아닌가요? 살아 있는 자체가 성공의 결과라고 생각하지 않습니까? 성공에 대한 기대가 너무 커지면 이루기도 힘들어집니다. 매일 성공하는 삶을 살기 위해서는 매일 이룰 수 있는 목적과 뜻을 두고 일하는 것이 바람직할 것입니다. 하루하루의 성공적인 삶이 모여 인생 전체의 성공적인 삶을 이룹니다. 이것을 깨닫고 사는 것이 곧 성공의 비결입니다. 작은 물방울들이 모여 큰 바다를 이루듯이 작은 성공이 모여 큰 성공을 이루는 것입니다. 성공하는 자는 목표에 집착하지 않습니다. 순간순간을 성공을 위해 메워갑니다. 한술 밥에 배부를 수 없듯이 단 한 방에 성공하겠다는 생각은 하늘에서 돈 떨어지는 것을 바라는 거와 같이 허황된 생각입니다. 노력 없이 얻어지는 성공은 성공이 아니라 운일 뿐입니다. 운이란 남의 덕에 하룻밤을 즐긴 무도회장 같은 것입니다. 노력으로 얻은 성공은 반석 위에 세워진 성과 같은 것입니다. 이것이 순리입니다.

마라톤을 하는 선수가 일등하겠다는 생각만 하고 달리기를 게을리하면 1등 할 수 있습니까? 1등이라는 뜻을 이루기 위해서는 경쟁자보다 부지런히 달려야 합니다. 육신이 이를 받쳐주어야 합니다. 소달구지를 타고 가는데 빨리 가기 위해서 달구지를 때린다고 빨리 달릴 수 있는 것이 아닙니다. 빨리 달리려면 달구지가 아닌 소를 때려야 합니다. 자동차 핸들을 빨리 움직인다고 차가 빨리 달립니까? 액셀을 밟아야 차의 속력이 나는 것입니다. 사람도 마찬가지입니다. 목적지에 빨리 도착하기 위해서 육신에 채찍을 가한다고 되는 것이 아닙니다. 육신의 주인인 정신에 채찍을 가해야 합니다. 내 등이 가려우면 내 등을 긁어야지 남의 등을 긁으면 가려움이 없어지지 않습니다. 목표를 세웠으면 그 목표에 접근하는 정확한 방법을 알아야 합니다. 모로 가도 서울만 가면 된다는 식은 이성적인 사람이 택할 방법은 아닙니다. 올바른 교육을 받아 정신무장이 잘되어 있어야 합니다. 성공이란 알고 보면 그렇게 어려운 것이 아닙니다. 마음먹기 달렸습니다. 다음에 언급하는 5단계를 잘 지켜보시기 바랍니다.

첫째, '나도 하면 된다'는 긍정적인 생각을 갖는 것입니다. 생각이 서야 몸도 서는 것입니다. 몸은 생각의 하인일 뿐입니다. 먼저 해보겠다는 생각을 가져야 합니다. '나는 할 수 없다'라고 생각하는 것은 바로 패자의 변입니다. 이 세상 누구나 가능성을 가지고 태어

납니다. 할 수 있다는 긍정적인 생각이 성공의 첫 번째입니다.

둘째, 하고자 하는 일이 내 인생을 투자해도 후회하지 않을 만큼 가치 있는 일인가를 확인해야 합니다. 도둑질해서 부자가 되겠다는 뜻은 바람직하지 않습니다. 일생을 바쳐 할 만한 가치 있는 일이 아닙니다. 남을 해치고 자기만 살겠다는 발상은 인간이 해서는 안 될 일이기 때문입니다. 모두에게 이익이 되는 일이어야 합니다. 적어도 남에게 피해를 입히는 일은 해서는 안 됩니다. 이 작업이 아주 중요합니다. 확신이 서지 않으면 일할 의욕을 곧 상실하게 됩니다.

셋째, 이루고자 하는 일이 옳다고 생각되면 당장 시작해야 합니다. 감을 먹겠다고 감나무 밑에 서 있기만 해서는 안 됩니다. 입이라도 벌리고 있어야 감 맛이라도 볼 수 있습니다. 생각만으로 이뤄질 수 있다면 세상에 뭐가 걱정이겠습니까? 그리스 신화에서 보면 이런 일들이 생기기도 합니다. 그러나 신화는 인간의 꿈을 이야기하는 것일 뿐 현실이 아닙니다. 우리는 꿈속에서만 살 수 없습니다. 삶은 현실입니다. 행운을 잡기 위해서라도 노력해야 합니다. 복권에 당첨되기 원한다면 복권을 사야 합니다. 그래야 행운도 따르는 것입니다. 진인사대천명입니다. 한 번에 당첨된다면 이루 말할 수 없는 행운이겠지만 그럴 가능성은 거의 희박합니다. 안 되면 당첨될 때까지 계속 복권을 구입하는 노력이 필요합니다. 마음만 가지고 있다면 그것은 곧 공상입니다. 병입니다. 남이 이루게 되면 나도 그런 생각을 했는데 하며 부러워하거나 시기심이 생기는 것은 바보나 하는 짓입니다. 이루고자 하는 목표가 있으면 그 목표를 향하여 당장 시작하는 것입니다. 뒤돌아보거나 앞을 보고 걱정할 필요가 없습니다. 머뭇거리는 것은 긍정보다는 부정에 가까운 행동입니다.

넷째, 쉬지 않고 노력하는 것입니다. 일을 시작했으면 부단한 노력이 필요합니다. 노력이라는 말 자체가 애를 쓰고 힘을 들이는 것입니다. 쉽지 않다는 뜻입니다. 좋은 것일수록 얻기 어렵습니다. 이루기 위해서는 일에 몰입해야 합니다. 마음만으로 성공에 이를 수 없습니다.

끝으로 인내가 필요합니다. 노력하는 중에도 많은 유혹과 의혹이 생깁니다. 그런 일을 왜 하느냐? 왜 그렇게 사서 고생하느냐? 그것보다 더 좋은 것이 많은데 꼭 그것을 해야 하느냐? 좀 쉬면서 하지 그러느냐? 이런 유혹을 떨쳐버릴 수 있어야 합니다. 이게 인내입니다. 또한 절대 시간이 필요합니다. 집을 빨리 짓겠다고 한 사람이 1년 걸리는 일을 365명이 하루에 지을 수 없습니다. 하루에 만 번 밥을 먹는다고 하루 만에 어른이 됩니까? 기다려야 합니다. 때론 평생 걸리는 일도 있습니다. 지속되는 동안에 많은 유혹이 있을 수 있습니다. 일이 뜻대로 되지 않습니다. 짜증나는 일도 많습니다. 후회도 생기는 법입니다. 사람이기 때문입니다. 이때가 고비입니다. 고비를 넘는 데는 땀과 인내와 에너지가 필요합니다. 이를 이겨내야 고지에 오를 수 있습니다. 이래서 사전오기니 칠전팔기라는 말이 생기는 것입니다. 정상은 누구에게나 자리를 내주지 않습니다. 정상에 오를 자격이 있는 자에게만 자리를 양보합니다.

이상이 성공의 5단계입니다. 이렇게 해도 안 되는 일이 있다면 그것은 인간이 할 수 있는 일이 아닐 것입니다.

성공하길 바라십니까? 그럼 당장 하고 싶은 일을 시작하십시오. 그것이 바로 성공으로 가는 길입니다. 성공의 5단계를 지키면 누구나 원하는 정상에 설 수 있습니다. 이 간단한 이론을 실천하지 못하기 때문에 정상에 서지 못하는 것입니다. 지성이면 감천이라고 했습니다. 열심히 하면 하늘도 감동한다는 뜻입니다. 성공한 사람은 절대 안 된다는 생각을 하지 않습니다. 다만 어렵다고 할 뿐입니다. 이제 와 돌이켜보면 내 인생이 성공하지 못한 원인도 '나는 안 돼'라는 생각 때문이었던 것 같습니다. 앞으로는 안 된다는 생각은 하지 않도록 하겠습니다. 이 글을 쓰는 내내 부끄럽습니다. 성공하지 못한 패자로 부모님께 불효했기에 말입니다. 여러분은 모두 성공하시길 기원합니다. 정상에서 내려다보는 눈 아래 것들이 얼마나 아름다운지 체험해 보기 위해서….

노세노세 젊어서 놀아

사람이 늙어서는 못 노는 것일까? "노세노세 젊어서 놀아 늙어지며는 못 노나니, 화무는 십일홍이요 달도 차면 기우나니라 얼시구 절시구 차차차 지화자 좋구나 차차차 아니 노지는 못하니라 차차차…," 놀지 못해 얼마나 한이 맺혔기에 이런 노래가 나왔을까를 생각하면 눈시울이 붉어집니다.

어른이나 애나 일하는 것보다는 노는 것을 더 좋아합니다. 놀고 싶을 때 놀면 되는데 그게 말같이 쉽지 않습니다. 놀기만 하고 살 수 없기 때문입니다. 놀면서 살 수 있는 세상이 있다면 아마 그게 천당 아니면 극락세계가 아닐까 생각합니다. 그러나 매일 놀라고 해도 무제입니다. 실업자가 가장 바라는 것이 이제 그만 놀고 일 좀 해봤으면 하는 소망입니다. 배가 고프면 맨밥도 잘 넘어가지만 배가 부르면 진수성찬도 싫어지는 법, 노는 것도 어느 정도 놀아야 좋지 계속 놀기만 한다면 그것도 고문입니다. 누구나 화창하고 따스

한 봄날이나 청명한 가을날 어디론가 떠나고 싶어집니다. 그런데 시험공부를 해야 하거나, 중요한 일을 해야 하는 시기이기도 합니다. 노는 것과 일하는 것에 대립이 생깁니다. 이 경우 대개는 일이 우선입니다. 일이 우선인 이유야 많겠지만 가장 큰 이유는 일이란 해야 할 시기가 있다는 것입니다. 그러니 노는 것은 일에 우선순위가 밀리지 않을 수 없습니다.

그러나 노는 것도 시기가 있습니다. 같은 놀이라 해도 늙어서 하는 것보다 젊어서 하는 것이 더 재미있습니다. 늙어서 노는 것보다 젊어서 노는 것이 더 매력 있습니다. 놀고자 하는 욕구는 늙은 사람들에 비하여 젊은이들이 더욱 큽니다.

혹자는 젊어서 열심히 일하고 늙어서 즐겁고 여유롭게 사는 것을 복이라 생각합니다. 어느 정도 일리가 있는 말이라고 생각합니다. 그러나 젊어서 열심히 일한다고 늙어서 다 즐겁게 사는 것은 아닙니다. 노는 것도 사는 것입니다. 밥만 먹고 못 사는 것과 같이 일만 하고는 못 삽니다. 일도 하고 놀기도 해야 합니다. 두 가지 다 중요합니다. 그러니 가능하면 일과 노는 것을 극대화하는 방법이 바람직합니다. 요즘 해외 여행객 중에서 2030세대가 가장 많다는 통계가 이를 잘 대변하고 있습니다. 이제 젊은이들이 젊어서 놀아야 한다는 사실을 알게 된 것 같습니다. 그런데 노는 데 열중하다가 진짜 중요한 일을 하지 못할까 우려되기도 합니다. 기우이길 바랍니다.

사실 1년 365일 중에서 약 3분의 1은 쉬는 날입니다. 따지고 보면 이틀 일하고 하루 쉬는 격입니다. 그런데도 더 놀고 싶습니다. 그것은 놀 수 있는 절대적인 시간이 모자라서 그런 것은 아니라 생각합니다. 놀고자 할 때 놀 수 없기 때문입니다. 수요일 오후 날씨가 너무 좋아서 혹은 갑자기 친구가 보고 싶어서 쉬고자 하는데 그 시간에 중요한 회의가 잡혀 있다면 놀 수 없습니다. 이럴 때 불만이 생깁니다. 놀 수 있는 절대 시간이 모자라는 것이 아니라 놀고자 할 때 놀 수 없는 것이 문제입니다. 놀고자 하는 시간이나 날이 휴일이 아니라는 데 문제가 있는 것입니다. 자유의 부재입니다. 이런 삶을 자유가 없는 삶이라고 하거나 얽매인 삶이라고 합니다. 더불어 사는 사회이므로 어쩔 수 없는 일입니다. 감수하는 것이 현명합니다. 대부분은 다 그렇게 맞춰 살고 있습니다.

남이 내게 맞춰서 살기를 바라지 말고 내가 남에게 맞추며 사는 것도 남을 배려하고 사랑하는 방법입니다. 일할 때 열심히 일하고 놀 때 열심히 놀면 젊어서도 얼마든지 놀 수 있습니다. 젊어서는 해야 할 일이 많습니다. 봄에 씨앗을 뿌리지 않으면 가을에 수확할 것이 없듯이 젊은 시절에는 많은 씨앗을 뿌려야 합니다. 그래야 늙어서 많은 수확을 할 수 있습니다. 일하면서 놀고 놀면서 일하는 멋진 젊은이가 미래의 주인입니다. 젊어서 많이 놀았더니 늙어서 많이 힘듭니다. 젊어서 멋지게 놀 때는 내가 승자인 줄 알았습니다. 그러나 나이 들어보니 결국 그게 패자의 길이었습니다. 젊어서 일보다 노는 것에 투자를 많이 한 사람은 늙어서 더 많은 후회를 하게 됩니다. 노는 것보다 일하는 데 젊음을 더 많이 투자한 자는 늙어서 더 행복해합니다. 젊어서 노력한 자들이 늙어서 행복한 삶을 살 수 있는 것은 아직 신이 죽지 않았다는 증거입니다. "노세! 노세! 젊어서 놀아"라는 노래는 젊어서 놀아보지 못한 자들의 행복한 후회가 아닐까요? (2013년 2월 4일)

엄마! 물 말아버렸어

한때는 몸에 살이 많고 뚱뚱한 사람이 믿음직스럽고 부티가 난다고 해서 대접을 받던 때가 있었습니다. 나의 작은 소망 중에 하나도 살 한번 쪄 보는 것입니다. 키가 170cm를 넘는데 몸무게는 고작 60kg 근처에 있으니 말라빠진 무말랭이같이 보이기 때문입니다. 내 생애 최고의 몸무게가 70kg 정도였습니다. 그것도 군대생활하면서 세웠던 기록입니다. 그 후로는 지금까지 몇십 년을 60kg을 기준으로 오르내리고 있으니 오랜만에 만나는 사람들로부터 듣는 이야기가 "왜 이렇게 말랐어? 살 좀 쪄야겠다"는 인사입니다.

우리 형제는 7남매인데 나만 몸이 말랐고 다른 형제들은 나름대로 몸이 좋은 편이니 그럴 만도 합니다. 누구는 물만 먹어도 살이 찐다는데 나는 삼시 세끼 기를 쓰고 먹어대도 이 모양이니 아마도 부터 나는 몸매를 갖는 것은 아예 글렀나 봅니다. 1kg을 늘리려면 한 달을 공들여야 하는데 빠지는 데는 단 이틀이 걸리지 않습니다.

몸무게가 늘까 봐 신경 쓰는 집사람은 이런 내가 마냥 부럽다고 합니다. 살을 빼고자 하는 집사람과 찌고자 하는 내가 같이 살다 보니 나는 더 빠지고 집사람은 더 찌는 결과가 나타나고 있습니다. 나는 더 먹어야 하고 집사람은 좀 덜 먹어야 하는데 그 중간에서 결정되니 둘 다 관리가 제대로 안 되는 상황입니다.

오랜만에 고향에 내려가면 어머님이 "너는 왜 이렇게 얼굴이 안 좋아?" 하는 말씀을 입버릇처럼 하십니다. 이 말을 옆에서 듣고 있는 집사람은 불편한 기색이 역력합니다. 그러나 나는 선천적으로 살이 찌지 않는 체질인가 봅니다. 아니면 해방 직후 어려운 살림에 태어나 한창 먹고 자랄 나이에 6·25전쟁이 일어나 공포와 굶주림으로 기초체력을 갖추지 못해 이 모양인지도 모릅니다. 전쟁 통에 먹을 것 입을 것이 완전했겠습니까? 죽지 않고 목숨 보전한 것도 행운이라면 행운이지요. 어릴 적 가물가물한 기억을 더듬어 보면 먹을 것이 없어서 이른 봄 춘궁기에는 들에 나가 나물을 뜯어 배를 채웠고, 나물이 나지 않던 겨울에는 소나무 껍질을 벗겨 보릿가루나 밀가루 혹은 쌀가루와 버무려 삶아 먹었던 기억이 납니다.

어렵던 시절을 생각하면 떠오르는 이야기 하나가 있습니다. 사실인지 아니면 누군가 지어낸 이야기인지는 확인할 길이 없지만 어려웠던 시절을 잘 설명하는 것 같아 잊혀지지 않는 이야기입니다. '거지도 손 볼 날이 있다'고 아주 어렵게 사는 집에 귀한 손님이 왔더랍니다. 가난한 집에 귀한 손님이 왔는데 식사를 대접할 형편이 못

되었습니다. 하는 수 없이 안주인이 이웃에 사는 부잣집에 찾아가 겨우 쌀 한 되를 빌려다 손님을 위해 밥을 지었습니다. 손님에게 밥을 차려주고 나니 어린 자식들이 먹을 밥이 모자랐던 모양입니다. 밥이 먹고 싶어 눈물을 흘리는 아들에게 어머니가 저 손님이 밥을 남기면 주마 하고 아이를 달랬습니다. 그 말을 믿고 손님이 식사 끝나기를 먼발치에 앉아 기다리고 있던 아이가 엄마한테 달려와 "엄마! 손님이 물 말아버렸어요"라고 말하며 울기 시작했습니다. 손님이 밥을 남기면 주겠노라는 엄마의 약속을 믿고 손님이 식사 끝내기를 먼발치에서 바라보고 있었는데 손님이 밥그릇에 물을 말았습니다. 밥에 물을 말면 밥이 남지 않는다는 것을 경험을 통해서 알고 있는 아이가 손님이 남긴 밥을 먹게 되리라는 희망이 날아가 슬퍼하는 이야기입니다.

'밥 없으면 라면 끓여 먹으면 되지'라고 생각하는 요즘 어린이들에게는 상상조차 하기 어려운 이야기입니다. 어릴 적에 들었던 이야기지만 요즘도 음식을 먹을 때마다 가끔 생각나는 이야기입니다. 요즘이라고 어려운 사람들이 없지는 않지만 예전에 비하면 모든 것이 풍족하여 길가에 버려진 먹다 남은 빵조각이나 어린이 놀이터에 아무렇게나 버려져 있는 장난감이나 옷을 보면 "엄마! 물 말아버렸어!"라고 말하는 어느 가난했던 어린아이의 간절한 절규가 들려오는 것 같아 혼자 씁쓸한 미소를 짓습니다.

통계에 의하면 우리 국민의 10% 정도가 비만이라고 합니다. 잘

살고 잘 먹은 덕분이겠지요? 그런데 이게 건강이 아니라 병이라고 하니 문제입니다. 비만이 성인병의 주원인이 된 지금 여기저기에서 살 빼는 전쟁이 한창입니다. 지방흡입수술을 하는가 하면, 위를 절단하거나 창자를 잘라 내는 수술도 하고 있다니 세상이 좋아진 것인지 나빠진 것인지 알다가도 모를 일입니다. 며칠 전 산에 올랐다가 같이 쉬고 있던 분들과 음식을 나누며 등산에 대한 이야기를 나누었습니다. 모두 건강을 지키기 위해서 산을 찾는다는 공통점이 있었습니다. 대화 중에 한 분이 나에게 사장님은 어떻게 그렇게 몸 관리를 잘하시느냐고 물었습니다. 살 좀 쪄보는 게 소원인 내게 관리를 잘한 몸이라고 하니 세상은 참 요지경 속입니다. 음식을 함부로 대하면 혼이 났던 우리 어린 시절을 요즘 애들은 상상이나 할까요? 유비무환이라는 말이 있습니다. 잘살 때가 있으면 못살 때가 있는 법인데 좀 여유롭다고 흥청망청할 게 아니라 부족할 때를 대비해서 절약하고 아끼며 살아가는 지혜가 아쉽습니다.

오차는 홍차의 일종이 아닙니다

사람들은 저마다의 장기를 가지고 그것으로 밥을 벌어먹고 살고 있습니다. 농부는 농사일을 장기로 하여 밥을 먹고살고 있으며, 장사하는 사람들은 물건을 파는 장기를 가지고 밥을 벌어먹고 삽니다. 말 잘하는 사람은 말을 장기로 벌어먹고 살며, 머리가 좋은 사람은 좋은 머리를 장기로 벌어먹고 삽니다. 거짓말을 잘하는 사람은 거짓말을 장기로 사기를 쳐서 벌어먹고 삽니다. 운동을 잘하는 사람은 운동을 해서 먹고삽니다.

나는 통계학이라는 학문을 해서 학생들을 가르치는 직업으로 밥을 먹고살았습니다. 통계학이라는 말을 처음 들은 것은 대학 입시를 준비하던 때였습니다. 통계학이 사실 뭔지도 모르고 새로운 학문 분야라 궁금증에서 통계학을 접하게 되었습니다. 당시에는 통계학이 일반인들에게는 매우 생소한 학문이었습니다. 고등학교 담임 선생님들도 잘 모르고 있던 시절이었으니 말입니다. 막연한 호기심에 시작한 통계학으로 한평생을 밥 벌어먹고 살았으니 내가 통계학의 전문가가 아니라고 우겨도 너는 통계 전문가라는 푯말이 이마에 붙게 되었습니다.

처음 만나는 사람에게 대학교에서 학생을 가르친다고 하면 열에 아홉은 뭘 강의하느냐고 묻습니다. 통계학을 강의한다고 하면 "어려운 것을 강의하시네요"라고 합니다. 다음 질문은 "통계학은 주로 뭘 가르칩니까?" 하고 묻습니다. 이런 질문을 받으면 매우 난감합니다. 간단하게 말하자니 어렵고, 그렇다고 장황하게 강의할 형편도 못되니 농담 반 진담 반으로 "돈 버는 학문입니다"라고 웃으며 말합니다.

한참 대통령선거를 앞두고 모든 매스컴에서 여론조사 결과를 하루가 다르게 보도하고 있을 때였습니다. 오랜만에 친구들을 만나 즐겁게 점심식사를 하던 중 한 친구가 갑자기 "어이! 이 교수! 오차가 뭔가?"라며 내게 물었습니다. 신문에서 자주 보는데 이해가 잘 안 간다는 것이었습니다. 학구열에 불타는 늙은 제자같이 꼭 알고 싶다는 눈치였습니다. 점심식사 중에 안주로 떠오른 대통령 후보자 이야기를 하다가 뜬금없이 나온 질문이라 좌중에 있던 친구들의 시선이 오차를 묻는 친구와 내게 집중되었습니다. 나는 재미있는 이야기가 오가는 즐거운 시간에 찬물을 끼얹기 싫어서 "어! 그런 거 있어!"라고 대충 대답하고 말았습니다. 그 친구 진지하게 또 묻습니다. "오차가 뭐냐고? 설명 좀 해줘!"라며 내 옆에 바짝 붙어앉았습니다. 이쯤 되니 대답하지 않을 수 없어 이야기가 나온 김에 훈장의 본때(?)를 보여주기 위하여 장황하게 강의를 시작했습니다.

"사전적 의미로 통계학은 사회의 모든 현상을 통계로 관찰하여 처리하는 방법을 연구하는 학문이라고 정의되어 있네. 이를 좀 구체적으로 말하면 통계학은 자료(data)를 이용하여 사회현상(社會現象)을 규명하는 학문이라고 정의할 수 있어. 이 경우 사회현상이라는 것은 사회에 나타나는 모든 현상을 의미하지. 자네도 알다시피 규명이라는 의미는 철저히 캐고 따져 사실을 밝히는 것 아닌가? 결과적으로 통계학이라는 것은 자료를 이용하여 사회현상을 가능한 한 정확하게 규명하는 학문이라고 말할 수 있네."

이렇게 말을 이어가자 착한 학생처럼 고개를 끄덕이며 반응을 보였습니다. 다시 강의가 이어졌습니다.

"모든 학문은 진리를 탐구하는 것 아닌가? 의학이 질병의 원리를 정확히 규명하여 병을 치료하는 데 목적이 있는 것처럼, 통계학은 사회현상을 정확히 규명하여 사실을 밝히는 데 그 목적이 있다고 할 수 있네. 그러나 인간이 하는 일이 다 그렇듯이 통계학이라고 해서 사회현상을 완벽하게 규명할 수 있겠는가? 이상일 뿐이지. 예를 들어 청년 실업이 사회문제가 되고 있지 않은가? 그러나 실업자가 정확히 몇 명이나 되는지 알기란 쉽지 않지. 매달 발표되고 있는 물가지수도 마찬가지네. 매스컴에서 발표하는 물가하고, 국민이 느끼는 물가하고는 차이가 난다고들 하지 않나. 차이가 나도 어느 정도 즉, 상식적으로 수긍할 정도의 차이가 나면 크게 문제되지 않는데 터무니없이 차이가 나면 자네 믿겠는가? 물가지수를 조사했는데 우리가 피부로 느끼는 장바구니 물가와 조사기관에서 발표한 물가지수의 차이가 많이 나면 그 결과를 인정하지 못할 것 아닌가? 잘못하면 통계의 불신만 커지게 되지.

그 대표적인 예가 선거결과 예측 조사라네. 선거결과는 선거가 끝나면 정확한 결과가 나오고, 예측한 값과 참값(정확한 값)의 차이가 확인 가능하지. 개표가 끝나면 정답을 발표하지 않던가? 따라서 선거결과 예측이 통계에 대한 신뢰도에 미치는 영향이 매우 크다네. 한두 표 차로도 선거의 당락이 결정되지 않은가? 그러나 통계학으로 한두 표 차이까지 맞추는 것은 불가능하네."

여기까지 이야기를 하니 더 구미가 당기는지 "오차가 뭐냐니까?" 하며 본론에 답해 달라고 졸라댔습니다.

"아직도 모르겠는가? 오차(誤差)라는 것은 참값과 예측값(조사값)의 차이를 말하네. 완전하지 못한 인간이 하는 일이니 원래부터 약간의 차이가 있다는 것을 전제로 하고 있지. 통계학이 얼마나 인간적인 학문인가? 그런데 사람들은 이를 인정하지 못해. 완전한 값 즉 참값을 요구하지. 그러나 참값이란 신(神)만이 알 수 있는 값이 아닌가? 우리가 그걸 알면 여기에 있겠어? 더 높은 곳에서 한 자리 하고 살지! 사람들이 참값을 알고자 하는 것은 곧 인간이 신이 되기를 요구하는 것과 같은 욕구라고 생각하네. 자네 생각은 어떤가?

이게 인간의 가장 허황된 욕망 아니겠나? 이해되는가? 아니면 너무 어려운가? 더 해줄까?"

"그래! 듣고 보니 재미있네."

"자네 그러다가 내 제자 되는 것 아닌가? 통계학은 어느 정도의 오차를 인정하고 있다고 했으나 오차가 큰 것보다는 작은 것이 바람직하겠지? 이렇게 보면 통계학은 오차를 최소화하는 방법론이라 말할 수 있네. 통계학의 목표는 가능한 한 오차를 적게 하는 것이며 궁극적으로는 오차를 없애는 것이지. 그러나 우리 스스로 인정하고 있듯이 인간이란 불완전한 존재 아닌가? 이론적으로는 참값과 추정치가 같을 수 있지만 현실에서는 거의 불가능하다네. 장님이 문고리 잡는 것보다 더 어려운 일이지. 정확한 값을 얻는다는 것은 우리의 욕망 즉 이상일 뿐이지."

"그럼 비싼 돈 주고 그런 걸 왜 해?"

잠자코 듣고 있던 친구가 물었습니다.

"그렇다고 손 놓고 있을 수는 없는 일 아닌가? 참값을 얻기 위해서 끊임없는 노력을 해온 과정이 인류의 역사라고 생각하네. 결과적으로 오차가 없는 추정치를 얻게 되었다는 것은 곧 인간이 참값을 알게 되었다는 것과 같은 뜻이 되지. 이는 인간과 신이 동등하게 되었다는 것을 뜻하지 않는가? 이것이 모든 학문의 궁극적인 목표라고 생각하네. 인간이 신이 되는 것이지. 자네 퀴즈를 잘 맞추는 사람을 보고 '귀신 같다'고 하는 말 들어봤지? 좀 비약이긴 하지만

나는 이 말이 이와 상통한다고 생각하네."

여기까지 이야기를 마치니 대부분의 친구들은 제각각 딴 세상의 이야기를 하고 있었습니다. 지루했던 모양입니다. 처음 질문했던 친구만이 알았다는 듯이 "이 교수, 고맙네" 하며 "난 오차가 홍차의 일종인 줄 알았지"라고 능청을 떨었습니다.

이봐! 친구, 오차는 홍차의 일종이 아니네.

V 삶

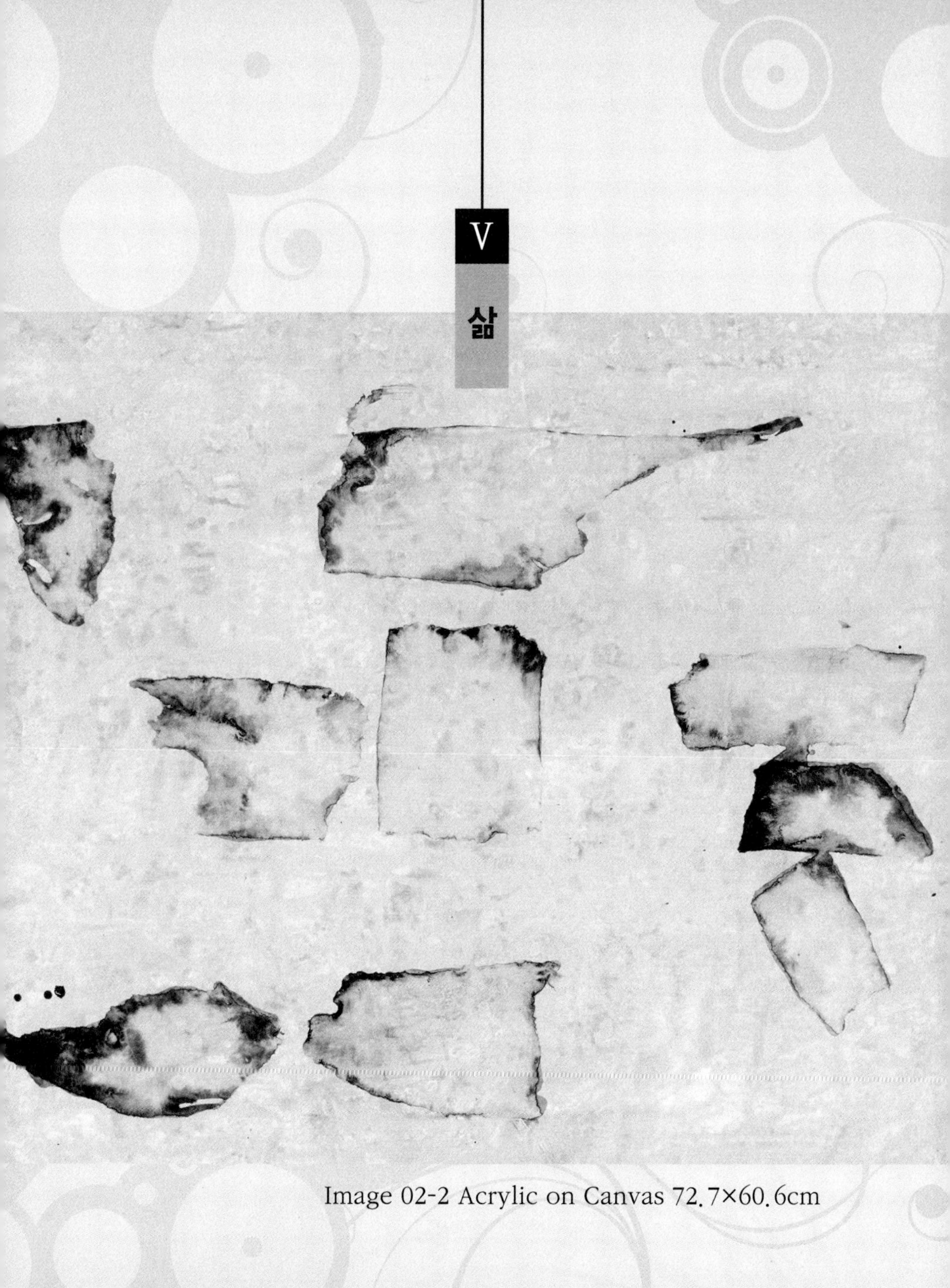

Image 02-2 Acrylic on Canvas 72.7×60.6cm

꺼진 불도 다시 보자

이 세상에 가장 필요한 것을 세 가지만 고르라 하면 나는 가족과 건강 그리고 친구를 고르겠습니다. 혹자는 돈을 들기도 하겠지만 나는 돈이란 건강한 정신과 육체를 가지면 목구멍에 거미줄 치지 않을 정도는 얻을 수 있다는 확신을 가지고 있기에 돈은 고르지 않겠습니다. 가족이야 곧 나와 같이 피를 나눈 사람으로 생사고락을 함께할 사람들이기에 선택할 수밖에 없습니다. 즉 하늘이 맺어준 인연이기에 내 힘으로 끊고 맺을 수 있는 관계가 아닙니다. 내 능력 밖에 있습니다. 건강은 어떠한가? 생명이 존재하는 한 건강을 유지해야 합니다. 나를 낳아주고 길러주신 가족과 같이 건강 또한 삶을 영유해 나가는 데 빼놓을 수 없는 항목입니다. 건강을 잃으면 모든 것을 잃는다고 하지 않습니까? 마지막으로 빼놓을 수 없는 것이 친구입니다.

세 가지 중 유일하게 내 의지에 의해서 어느 정도 결정할 수 있는 것입니다. 친구는 내가 좋아서 만든 인간관계임에 틀림없습니다. 싫으면 헤어질 수도 있는 관계입니다. 물론 친구라고 해서 내 마음에 들면 만나고 싫으면 헌신짝 버리듯 버릴 수 있는 것이 아닙니다. 또 그래서도 안 되는 것입니다. 좋은 친구란 평생 동행하는 사이로 어떻게 보면 배필보다 더 중요합니다. 한 번 사귄 친구는 때론 피를 나눈 부모 형제보다 더 귀하게 대해야 하는 관계이기도 합니다. 속담에 "부모 팔아서 친구 산다"는 말이 괜히 나온 말은 아닙니다. 관포지교는 친구의 귀중함을 잘 나타낸 일화이기도 하지요.

나는 친구를 많이 사귀는 편은 아닙니다. 친구를 사귀는 데 좀 신중한 편입니다. 물론 이익을 따지고 친구를 수단으로 생각하며 사귀지는 않습니다. 다만 서로 존중하고 대화가 통할 수 있으며 예의 바른 사람인가를 관찰한 다음 친구되기를 허락합니다. 더하여 매사에 긍정적이고 자기 앞가림을 하는 수더분한 사람을 친구로 삼습니다. 내 나름대로 가지고 있는 기준이 까다로운 것인지는 잘 모르겠습니다. 대신 한 번 친구로 받아들이면 신의를 지키려고 노력하며 삽니다. 적어도 내가 원인을 제공하여 절교하는 일은 없도록 노력하고 있습니다. 상대방이 어떻게 생각하든지 나는 친구로서 할 도리를 나하려고 합니다. 이런 나의 소극적인 성격 때문에 친구가 많지 않은지 모르겠습니다. 에머슨은 "친구를 얻는 유일한 방법은 스스로 완전한 친구가 되라"고 했습니다. 내게 친구가 많지 않은 것은 그렇게 하지 못한 내게 책임이 있을 것입니다.

얼굴이나 이름 정도를 알고 지내는 친구는 많이 있습니다. 전화번호 정도는 기록해 두고 시간 나는 대로 만나 기쁨을 나눌 수 있는 친구도 있고, 길거리를 오가다 우연히 만나 소주 한 잔을 앞에 놓고 지난 회포를 풀 수 있는 친구도 있습니다. 물론 친구라고 정의하는 것이 애매하지만 내가 생각하는 친구란 적어도 서로 흉허물 없이 마음을 터놓고 얘기할 수 있는 정도의 친구를 말합니다. 흉금을 털어놓는다는 것은 둘 사이에 흉허물 없이 지내는 것을 말합니다.

이런 친구는 흔하지 않습니다. 대부분이 친구는 술친구요, 사업상 필요한 친구요, 어중이떠중이 친구입니다. 내가 생각하는 기준으로 친구라고 생각하는 사람은 초등학교, 중학교, 고등학교, 대학교 친구 몇 명과 고향 및 사회에 나와 맺은 친구를 다해도 20여 명에 불과합니다. 물론 이 중에서 나는 친한 친구로 생각하고 있는데 상대방이 나를 그저 그런 친구로 생각할 수도 있으니 쌍방이 친한 친구로 생각하는 사람은 그보다 적을 수도 있습니다.

내가 친구로 생각하는 사람 중에 김 사장이 있습니다. 고등학교 동창이자 대학교 동문인 친구입니다. 시작은 비슷하였지만 현재의 사회적인 지위는 나보다 몇십 보 아니 몇백 보 앞서 있습니다. 여러모로 나보다 한 수 위인 친구입니다. 나는 애가 없는데 김 사장은 아들은 물론 딸까지 있습니다. 아들딸이 모두 미남 미녀에 유능한 인재들입니다. 우리 집사람은 개성이 강한 편인데 김 사장 부인은 현모양처에 미모가 김태희 수준입니다. 난 겨우 분필 팔아 연명하는데 친구는 모 대기업의 사장으로 재직 중에 있습니다. 집도 나는 중형 아파트에서 사는데 그는 대형에서 살고 있습니다. 내가 자장면을 대접하면 친구는 내게 탕수육을 대접해 줍니다. 격이 그만큼 다릅니다. 풍채도 뛰어나고 하얀 머리카락도 나보다 더 많습니다. 나는 뱃가죽이 등에 붙어 있는데 김 사장은 임신 7개월 정도는 넉히 되어보입니다. 말로 밥 벌어먹고 사는 나보다 능변이니 할 말이 없습니다. 내 푸념을 듣던 우리 집사람이 나더러 비교할 것을 비교하라며 핀잔을 줍니다. 내가 친구보다 잘하는 것이 있다면 좀 더 여유를 부리며 산다는 것입니다. 아무튼 참 멋진 친구입니다.

김 사장도 오늘이 있기까지 순탄치만은 않았습니다. 세월의 풍파를 다 헤쳐나가기에는 어려움도 많았습니다. IMF를 겪으며 직장을 떠나야 했습니다. 2~3년 백수 아닌 백수생활도 했습니다. 직장을 떠난 뒤 과거에 같이 직장생활하던 부하직원에게 어떤 부탁을 한 모양이었습니다. 부탁이 뭐였는지 구체적으론 모르지만 김 사장 말에 의하면 그리 큰 부탁은 아니었던 모양입니다. 그런데 그 친구가 거절하더랍니다. 물론 그 친구 생각으로는 대단한 일이거나 들어주기 좀 거북한 것이었을 수도 있었을 것입니다. 얼마 후 김 사장은 다시 능력을 인정받아 회사의 사장으로 부임하게 되었습니다. 지난 번 김 사장의 부탁을 거절했던 부하직원의 입장에서는 얼굴이 화끈거릴 정도로 미안했을 것입니다. 물론 김 사장은 옹졸한 사람이 아니라서 그런 일로 그 친구를 예전과 달리 대할 리는 없지만 그도 사람인지라 그 감정을 100% 지워버리기란 어려웠을 것입니다. 이 사건을 계기로 사내에서는 "꺼진 불도 다시 보자"라는 유행어가 생겼다고 합니다. 회사를 떠났던 김 사장이 다시 컴백한 사건을 두고 일컫는 말이라 합니다. 사람 일이란 언제 어디서 어떻게 만나게 될지 모르기 때문에 옛날 성인들께서도 막말은 하지 말라고 하신 모양입니다.

몇 해 동안 구정 다음 날에는 김 사장 가족과 우리 가족이 만나 가는 해와 오는 해에 대한 서로의 희망을 논하며 건강을 기원하고 있습니다. 다가오는 구정 다음 날에도 건강한 모습으로 만나볼 수 있기를 기대해 봅니다.

어이 친구! 자네도 나와 같이 날 친구로 생각하고 있는겨?

40

자네 나이 먹어 봤어?

18대 대통령 선거를 끝내고 결과를 두고 참 말들이 많았습니다. 이번 선거 결과는 예전에 없었던 새로운 현상이 나타났다고 합니다. 아들 세대와 아버지 세대의 갈등이 표면으로 나타났다는 것입니다. 아들 세대인 2030세대와 아버지 세대인 5060세대라는 신조어가 탄생한 것입니다. 2030세대는 진보개혁을 대표하는 야당 후보를 지지하는 편이었고, 5060세대는 보수와 안정을 대표하는 여당 후보를 지지하는 경향을 보였습니다. 그동안 몇 차례 선거에서도 이런 경향이 조금 있었지만 이번 18대 대통령 선거에서는 그런 경향이 너무도 명확히 나타났다는 것입니다. 여당 후보가 당선되자 야당 후보가 당선되리라고 믿었던 2030세대가 야당 후보의 패인을 5060세대가 여당 후보에게 몰표를 던진 것으로 보고 5060세대에 대해 반감을 갖게 되지 않을까 하는 우려의 목소리가 나오고 있습니다. 매스컴들은 앞다투어 사실을 보도하고 있으며, 일부이기는 하지만 SNS상에서는 2030세대들이 노골적으로 5060세대에게 불만을 드러내고 있다고 합니다. 5060세대에게 제공되는 복지를 없애야 한다는 등의 글들이 심심치 않게 올라오는 모양입니다.

2030세대는 5060세대의 자식뻘 되는 세대입니다. 이제 남북의 이념대립과 동서의 지역갈등, 빈부의 경제갈등을 넘어 부자지간의 갈등을 보이려는 징후가 나타나고 있는 것입니다. 시대의 요구인지 아니면 어떤 목적을 가진 자들의 의도인지는 모르겠으나 나라의 장래나 가정의 미래를 위해서도 이런 갈등은 없는 것이 좋을 거라 생각합니다. 오죽했으면 2030세대들이 그렇겠는가 하는 생각이 들기도 하지만 아닌 것은 아닌 것입니다. 아버지와 아들이 싸워서 이익을 보는 자가 누구일까요? 2030세대와 5060세대의 갈등이란 말을 더 이상 쓰지 않았으면 하는 것이 간절한 소망입니다. 이런 이야기가 잠깐 스치는 바람이기를 바라는 마음입니다.

이런 세대갈등의 요인 외에도 어떤 후보자가 떨어진 원인이 뭐라느니, 당선자는 어떤 이유로 당선되었다느니, 누가 당선되었으니 앞으로 어떨 거라느니 하는 등 나름대로 전문가 이상의 평을 내고 있습니다. 말쟁이들이야 밥 먹고 하는 일이 남의 얘기하는 것이 직업이니 그렇다고 해도 온 국민이 모두 나서서 같이 입방아를 찧어대니 말이 말 수준을 넘어 말 공해 수준에 이른 것 같습니다. 물론 이런 일들이 꼭 오늘 만의 일은 아니겠지요. 선거가 없던 옛날에도 많은 말들이 있었던 모양입니다. 오죽했으면 옛 시조에 "말로써 말

많으니 말 말을까 하노라"라는 구절까지 있겠습니까. 예나 지금이나 먹고사는 데 별 도움이 되지 않을 말들을 많이 하고 사신 모양입니다. 물론 살면서 느끼는 스트레스나 울분을 그렇게 함으로써 날려보냈을지도 모를 일입니다.

뭐 눈에는 뭐만 보인다더니 나이가 들어가니 늙은이의 관점에서 보는 일이 많아진 것 같습니다. 버스를 타거나 전철을 타면 노약자석이나 경로석이라고 쓰여 있는 곳에 눈길이 갑니다. 머리가 허연 할머니나 할아버지가 흔들리는 차 속에서 힘겹게 서 있는데 버젓이 젊은이들이 노약자석을 차지하고 앉아 있는 것을 보면 괜히 눈살이 찌푸려집니다. 젊은 사람들이 노인네를 함부로 대하는 것을 보면 내 일처럼 기분이 나빠집니다. 집안 교육을 어떻게 받았기에 노인들이 서 있는 옆에서 그것도 노약자석으로 지정된 좌석을 차지하고 앉아 있다니 이런 고얀 놈을 보았나?

이런저런 생각에 지루하지 않게 목적지에 도달할 때가 있습니다. 그러다가 젊은이가 노인을 보고 자리를 양보하는 것을 보면 괜히 내가 기분이 좋아지기도 합니다. '그렇지 저런 훌륭한 젊은이들도 있으니 나라가 지탱되고 있는 것이겠지' 하는 흐뭇한 생각에 기분이 좋아집니다. '어느 집 자식인지 자식 하나 잘 가르쳤구나' 하는 생각으로 부럽기도 합니다.

어느 날 좌석버스를 타고 시내에 가는 길이었습니다. 출근시간이 지나고 늦은 출근자나 학생 그리고 시내에 일이 있어 버스를 타려는 사람들로 버스는 만원이었습니다. 요즘 좌석버스에는 예외 없이 경로석(혹은 노약자석)이 마련되어 있습니다. 참 고마운 일입니다. 그리고 달리는 버스에 안내방송으로 주변에 노약자가 있으면 자리를 양보해 주라는 방송도 나오곤 합니다. 나는 노약자석이라고 큼지막하게 쓰여 있는 좌석 앞에 서 있었는데, 그 자리를 아주 젊고 건장해 보이는 청년이 귀에 이어폰을 끼고 앉아 있었습니다. 옆에는 언제 탔는지 모르지만 허리가 구부정한 할머님 한 분이 몹시 피곤한 기색을 보이며 그 젊은이가 앉아 있는 좌석 손잡이를 잡고 버티고 서 있었습니다.

주위 사람들은 어떻게 생각하고 있는지 모르겠지만 나는 마음이 매우 불편했습니다. 마음 같아서는 젊은이 일어나서 할머니에게 자리를 양보하라고 말하고 싶었지만 요즘 젊은이들 중에는 어른 알기를 칠팔 월 참외껍질보다 못하게 알고 있다고 하니 잘못 말했다가는 무슨 봉변이라도 당할까 봐 불편한 마음으로 서 있었습니다. 마음이 비굴하기 그지없었으나 '흐르는 강물을 한 사람 몸으로 막을 수 없듯이 이런 부도덕한 일에 나 혼자 나선다고 해결될 것도 아니다'라는 나 편한 생각으로 그냥 모르는 체하였습니다. 저 젊은이는 마음에 큰 병이 있구나 하는 괘씸한 생각과 아니면 진짜로 몸이 불편하여 어쩔 수 없이 마음의 고통을 참으며 그 자리를 지키고 있을 것이라는 생각으로 타협하고 있었습니다.

옛 어른들 말씀에 나이 들면 모든 것이 다 섭섭해진다더니 그게 사실인가 봅니다. 이런 생각 저런 생각하는 사이에 차가 목적지에 도착하였습니다. 차에서 내려 길을 걸으며 내 자신이 이 빠진 나귀처럼 처량했습니다. "네놈들 나이 먹어봤어?" 어느 노 교수님이 젊은 제자들에게 던졌던 말이 오랫동안 머리에 남아 맴돕니다.

미쳐야 산다?

우연한 기회에 유명인사의 강연을 들었습니다. 강의가 본업인 나는 재미있는 강연이 나오면 가능한 한 듣고 있습니다. 강의를 한참 듣고 있는데 "미쳐야 산다"는 말이 나왔습니다. 나는 그 말을 듣는 순간 '미쳐야 산다?' 올바른 정신을 가지고 살아도 어려운 세상에 미쳐야 산다니 생각하면 할수록 뭔가 '이건 아닌데!' 하는 생각이 들었습니다. 물론 연사가 "미쳐야 산다"고 한 말은 전후 문맥으로 봐서 하고 있는 일에 올인(all in)하여야 성공한다는 뜻입니다.

인류 역사에서 유래를 찾아보기 힘들 정도로 단시일 내에 이룩한 우리나라의 경제성장이 이와 같은 열정에서 기인하였다고 보는 의견이 많은 것으로 보아 전연 허구적인 말은 아닌 듯싶습니다. 그러나 미쳐야 산다는 말은 좀 지나친 표현이 아닌가 싶습니다. 나 역시 그러한 말을 귀가 따갑도록 들으며 성장했고 그렇게 하려고 노력하며 살았습니다. 그런 정신으로 살지 않으면 낙오자가 되어 '루

저(loser)' 소리를 듣게 된다고 말입니다. 주위에 미친 듯한 사람들이 많은 것이 이와 무관하지 않다는 생각을 하게 됩니다. 좋게 미치면 좋은데 진짜 미친 사람보다 더 미쳐 있는 것 같은 사람들이 많기에 문제입니다.

우리나라가 세계에서 인정받고 있는 몇 가지 사례를 보면 미쳐야 산다는 말이 아주 근거 없는 이야기가 아님을 확인할 수 있습니다. 세계 여자골프 선수를 보면 미국을 제외하고 우리나라 선수가 가장 많습니다. 박세리 키드니 뭐니 하여 어린 나이에 골프에 미치게(?) 교육시킨 결과라 생각합니다. 피겨스케이트의 김연아 선수, 수영의 박태환 선수, 축구의 박지성 선수 등 세계적인 운동선수들이 모두 어린 나이부터 운동을 열심히 하여 얻은 결과이니 미쳐도 잘 미친 것입니다. 요즘 한바탕 불고 있는 한류는 또한 어떻습니까?

어린 나이에 춤과 노래에 올인한 결과, 아시아를 넘어 세계로 그 실력을 인정받고 있습니다. 한때 기능올림픽도 우리나라의 독무대였습니다. 일단 시작하면 끝을 보고 마는 우리 민족의 근성에서 비롯한 것일지도 모를 일입니다. 술을 마셔도 1차로는 성이 차질 않습니다. 2차 3차 입에서 쉰내가 나야 끝이 납니다. 친구가 갓 쓰고 장에 가면 망건이라도 쓰고 가야 직성이 풀리는 민족입니다. 남한테 지고는 못 사는 민족입니다. 시기심이 많은 민족입니다.

개발 바람이 불어 농지보상을 받게 된 어느 마을에 있었던 이야기입니다. 보상받은 돈으로 한 집이 고급 승용차를 구입하였답니다. 그랬더니 1년도 안 되어 거의 모든 집들이 고급 승용차를 구입했다는 이야기입니다. 누가 해외여행을 갔다 왔다고 하면 조리 빚이라도 얻어 여행을 하는 민족입니다. 요즘 건강을 위해 많은 사람들이 산을 찾습니다. 누구나 할 것 없이 명품 등산화, 명품 의류, 명품 모자, 명품 배낭으로 모양을 내고 오릅니다. 엎어지면 코 닿을 앞산을 오르는데도 알프스나 히말라야를 등반하는 수준의 준비를 하고 오릅니다.

요즘처럼 어려운 경제 상황에도 외제 승용차가 불티나게 팔린다고 합니다. 네가 타는데 내가 못 탈까 보냐. "외상이면 양잿물도 큰 것을 먹는다"는 속담처럼 행여 남에게 뒤질세라 불꽃 튀는 경쟁이 치열합니다. 좋게 말하면 승부 근성이요, 나쁘게 말하면 졸부 근성입니다. 이런 정신이, 남한테 뒤지지 않으려는 근성이 오늘날 세계 어느 민족도 이뤄내지 못한 성장을 이뤄낸 성장 동력이 되었을 수도 있습니다.

전철이나 버스, 공공장소 할 것 없이 10명 중에 반 이상은 스마트폰이나 전자기기를 손에 들고 미쳐(?) 있습니다. 젊은 세대는 8, 90%가 길가다가 전봇대에 머리를 박을 정도로 미쳐 있습니다. 한쪽에서는 소통이 안 된다고 법석을 떱니다. 한때 막걸리 붐이 있었습니다. 보양식 붐이 있었습니다. 뱀, 개구리, 까마귀, 심지어 지렁이까지 씨를 말릴 지경이었습니다. 몸에 좋다는 녹용과 웅담을 가지고 있다는 이유만으로 사슴과 곰이 멸종에 이를 뻔했습니다.

모든 사람은 법 앞에 평등하다고 말합니다. 그러면서도 자신은 특별하기를 바랍니다. 입으로는 평등을 외치면서, 남보다 자신은 특별한 대우를 받기 원합니다. 보통보다 '특'을 유난히 좋아합니다. 음식에도 특이 들어갑니다. 자장면에도 자장면(특)이 있고, 짬뽕에도 짬뽕(특)이 있습니다. 뭔가 다른 사람보다 특별하기를 좋아합니다. 흔히들 지위가 높은 사람들이 특권의식이 강하다고 합니다.

그러나 사실 너와 나 할 것 없이 모두 그런 의식이 잠재해 있습니다. 배가 고프면 살아도 배가 아프면 살기 힘듭니다. 사촌이 논을 사도 배가 아픕니다. 어느 날 한강의 기적으로 대박을 맞은 우리는 이제 배가 아픕니다. 민족이 둘로 나뉘어 있어 한쪽은 배가 아프고 한쪽은 배가 고프니 이제 배가 뒤집어질 지경입니다. 상생의 원리는 책에나 있는 이야기일 뿐입니다. 죽자 살자 서로 물어뜯습니다. 너 죽고 나 죽자도 아닙니다. 너 죽고 나 살자입니다. 국민이 뽑은 선량이라는 사람도 예외가 아닙니다. 상대방의 의사나 타협은 다른 나라 이야기입니다. 수틀리면 고래고래 소리 지르고, 윽박지르고, 큰소리치고, 급기야 주먹이 오가고 부수고 난리법석을 떱니다. 어린애들도 망설이는 짓을 국가와 민족을 위해 몸을 바치겠다고 하는 선량들은 서슴지 않고 합니다. 누가 그렇게 하라고 뽑아주었습니까? 국민을 위한다는 말은 애초부터 거짓말이었습니다. 상식이라도 통하는 지도자를 두고 싶은 마음 간절합니다. 이런 생각이 오직 나만의 생각은 아닐 것입니다. 힘으로 이기는 것은 이기는 것이 아닙니다. 진정한 승리란 존경받는 것입니다. 자기가 하면 로맨스고 남이 하면 불륜이라는 생각은 이 시대가 바라지 않습니다.

많은 사회적 문제가 '미쳐야 산다'는 사고가 낳은 역기능이 아닌가 생각합니다. 미쳐도 곱게 미쳤으면 하는 바람에 조금 흥분했나 봅니다. 다 부질없는 일인 것을 나 역시 미쳐도 많이 미쳤나 봅니다. 다 내 탓입니다. 수신제가 치국평천하라는데…, 그래도 더 잘 살기 위해 미쳐야 한답니다.

42

웃는 얼굴에 침 뱉을 수도 있습니다

웃는 것이 우는 것보다 좋다고 알고 있습니다. 일소일소(一笑 一少) 일노일노(一怒 一老)라는 말이 있습니다. 한번 웃으면 한번 젊어지고, 한번 노하면 한번 늙는다는 뜻입니다. 웃음이란 그만큼 건강에 좋으니 웃고 살자는 의미를 갖고 있는 말이라 생각합니다. 물론 우는 것보다는 웃는 것이 보기에도 좋지 않습니까?

어제는 웃음의 전도사로 알려진 황수관 박사님이 유명을 달리하신 날이었습니다. 저도 수업시간마다 "몰라도 웃고 알아도 웃자"며 제자들에게 웃음을 강조했던 때가 있었습니다. 이심전심으로 황 박사의 웃음에 대한 열정에 많은 관심과 박수를 보냈었습니다. 그러던 분이 갑자기 운명하셨다는 소식을 듣고 매우 우울했습니다. 웃음의 의미를 일찍이 파악하시고 국민에게 웃음을 선사하시던 황 박사이었기에 그의 죽음이 안타까웠습니다.

웃음이라고 다 같은 웃음이 아닙니다. 종류도 다양해서 지면에

다 소개하기가 어려울 지경입니다. 상대방을 얕보거나 관심이 없을 때 웃는 웃음을 냉소(冷笑)라고 합니다. 거짓으로 웃는 웃음을 가소(假笑)라고 합니다. 마음에 들지 않을 때 웃는 웃음을 고소(苦笑), 참지 못해 실수로 웃는 웃음을 실소(失笑), 남을 비아냥거리는 조롱하는 태도로 웃는 웃음을 조소(嘲笑), 빈정거리며 웃는 웃음을 치소(癡笑), 남을 업신여겨 웃는 웃음을 경소(輕笑), 코웃음 치는 것을 비소(鼻笑), 손가락질하면서 웃는 웃음을 지소(指笑), 남을 업신여겨 비웃는 웃음을 기소(欺笑), 희롱하여 웃는 학소(謔笑), 한꺼번에 웃음소리가 폭발하는 웃음을 폭소(爆笑), 기쁨에 넘쳐 웃는 웃음을 희소(喜笑), 상쾌하고 유쾌하게 시원스럽게 웃는 웃음을 쾌소(快笑), 크게 웃는 웃음을 대소(大笑)라고 합니다.

웃음이라고 다 좋은 것만은 아닙니다. 웃음이 좋다고 시도 때도 없이 웃어서는 안 됩니다. 함부로 웃다가는 상대방에게 오해를 사거나 원한을 사는 경우도 있으니 말입니다. 반면에 많이 웃을수록 좋은 웃음도 있습니다. 소리 내지 않고 빙긋이 웃는 미소(媚笑) 같은 웃음은 많이 웃어도 좋은 웃음입니다. 부처님의 뜻을 이해해서 웃었다는 염화시중 미소가 바로 이러한 미소입니다.

요즘에는 웃음을 통해서 환자를 치료하는 웃음치료법도 생겨났으니 좋은 웃음은 보약이 되는 셈입니다. 웃는 태도에 따라서 배를 안고 넘어질 정도로 크게 웃는 것을 포복절도(抱腹絕倒)라고 합니다. 얼굴에 표정을 힘껏 지으며 크게 웃는 웃음을 파안대소(破顔大

笑), 껄껄하고 크게 웃는 웃음을 가가대소(呵呵大笑), 어이가 없어서 하늘을 쳐다보고 웃는 앙천대소(仰天大笑), 몸을 움츠리고 아양을 부리는 웃음을 협견첨소(脅肩諂笑), 근심스러워 찡그리기도 하고 즐거워 웃기도 하는 웃음을 일빈일소(一嚬一笑)라고 합니다.

이 외에도 오락이나 건강을 목적으로 뱃살을 빼기 위해 두 손바닥으로 배를 때리며 웃는 뱃살대소, 어깨를 쭉 올렸다가 내리면서 "하" 하고 웃는 어깨웃음, 뱃소리를 내며 웃는 배웃음, 오토바이 소리를 내며 웃는 오토바이웃음, 아하하하·이하하하·우하하하·에하하하·오하하하 하면서 웃는 아이우에오 웃음, 서로의 배꼽을 잡거나 검지로 배꼽에 끼우면서 웃는 배꼽잡기웃음, 천생연분웃음, 나이뻐 웃음 등이 있습니다. 웃음 같지 않은데 웃음이라 부르는 코웃음도 있습니다.

소년은 소똥만 굴러가도 웃는다고 합니다. 나이 들면서 잊혀진 웃음, 하루에 단 한 번이라도 소리 내어 호탕하게 웃어보는 것은 어떨까요? 하! 하! 하! 우습다. 그러나 아무리 좋은 웃음이라도 경우에 따라서는 웃지 말아야 할 때가 있습니다. 슬픔에 잠겨 있는 초상집에 가서 함박웃음을 짓거나, 정숙해야 할 예식장에서 소리 내어 웃는 것은 어느 모로 봐도 웃지 않느니만 못합니다. 때에 따라서는 웃는 얼굴에 침 뱉을 수도 있습니다.

현실과 기대치 차이

설날이 가까이 다가오고 있습니다. 올해 설날은 어느 해보다 더 추울 것 같습니다. 회사들 사정이 어렵다 보니 두툼해야 할 보너스가 예년에 비하여 높지 않을 것 같다는 매스컴의 보도가 있었습니다. 직장에 다니는 사람은 누구나 할 것 없이 기대 이상의 보너스가 지급되길 바랍니다. 100% 정도는 되겠지 기대하고 있었는데 막상 받아보니 50% 정도였다면 실망하게 될 것입니다. 있을 수 없는 일이지만 100%를 기대했는데 200%가 나왔다면 기대 이상이라고 만족해할 것입니다.

사람들은 알게 모르게 늘 자기가 한 일에 대한 대가를 기대하며 살고 있습니다. 농부는 여름 동안 흘린 땀의 대가로 가을에 수확을 기대합니다. 올림픽에 출전하는 선수는 누구나 금메달을 기대해 봅니다. 기대에 미치지 못하면 실망하고 기대 이상이 되면 기뻐합니다. 전혀 기대하지 않은 선수가 금메달을 목에 걸면 기적이라고 합니다. 그런 경우가 종종 일어납니다. 2002년 한일 월드컵에서 우리나라 축구팀이 4강 신화를 이룬 것이 대표적인 예일 것입니다. 반면 금메달이 확실하다고 기대했던 선수가 부진하여 초반에 탈락하는 경우도 있습니다.

기대는 희망이나 소원 등과 같은 의미로 사용합니다. 기대라는 말은 어느 때로 기약하여 이뤄지기를 바란다는 의미를 갖고 있는 반면, 희망이라는 말은 기대하여 바란다는 뜻과 함께 앞일에 대한 소원을 의미합니다. '바란다'의 의미가 '생각대로 되기를 기다리다'라는 의미이므로 희망이라는 말은 기대하는 일이 생각대로 되기를 바라는 것입니다. 희망이 원하는 일이 언젠가 이뤄지기를 바라는 마음이라면, 기대란 이뤄지는 시점이 정해져 있는 좀 더 구체적인 희망이나 소망을 의미합니다. 만약 나의 희망이 부자가 되는 것이라면 일생 동안 언젠가 부자가 될 것이라는 소망입니다. 이런 경우 나의 기대가 언젠가 부자가 되리라는 말은 사용하지 않습니다. 그러나 다가오는 설날 보너스가 많이 나오기를 '희망한다'라는 말보다는 '기대한다'라고 말합니다.

기대에는 기대의 정도가 있기 마련입니다. 이를 기대치 혹은 기댓값이라고 합니다. 기대 자체는 좋은 것이나 기대치가 기대에 못 미치는 게 문제가 됩니다. 기대치는 많아서 좋은 것도 있지만 나쁜 것도 있습니다. 범죄자가 재판받을 때 죗값에 대한 형으로 1년 정도를 기대했는데 2년이 나왔다면 기대치보다 높게 나와 실망하게 됩니다. 그러나 앞에서 언급했던 경우 기대치란 높을수록 좋은 경우를 의미합니다. 일반적으로 기대치란 좋은 쪽의 기댓값이지 나쁜 쪽의 기댓값은 아닙니다.

무엇인가 기대하며 산다는 것은 좋은 일입니다. 일이 끝났을 때 좋은 결과가 있기를 바라므로 열심히 일하게 만드는 동기가 되기 때문입니다. 그러나 '기대가 크면 실망도 크다'라는 말이 있습니다. 기대라는 말이 생명의 언어라면 실망이라는 말은 죽음의 언어입니다. 기대치라는 발생 가능한 일에 그 일로 얻을 수 있는 금액을 곱하여 얻을 수 있습니다. 따라서 기대치가 어떤 일을 위해 들어간 비용보다 많으면 이득이 되며, 적으면 손실을 보는 것입니다. 우리가 알고 있는 1천 원짜리 추첨식복권인 팝콘의 기대치는 600원이 채 안 됩니다. 즉 1천 원짜리 복권을 구입할 경우, 그 복권의 기대치가 600원이므로 복권 구입비에서 기대치를 뺀 400원은 복권 발행기관이 가져가는 돈입니다. 이 말은 곧 복권을 살 때마다 사는 입장에서 보면 매번 400원 정도 손해 본다는 의미입니다. 이런 것을 알면서도 복권을 사는 것은 요행이나 기적을 바라거나 일확천금을 노리는 허황된 생각을 갖기 때문입니다. 잘 알려진 슬롯머신이나 카드 게임인 블랙잭이나 바카라 등도 복권과 마찬가지로 계속하면 돈을 잃게 되어 있습니다.

기대 때문에 생기는 희비의 일들이 우리의 삶 도처에 많이 있습니다. 부모님이 자식에게 기대하는 것이 그 대표적인 예일 것입니다. 허리띠를 졸라매 가며 가르친 자식들이 기대 이상으로 성공했을 경우와 그렇지 못했을 경우를 상상하면 쉽게 알 수 있습니다. 본인은 물론 부모님의 실망도 이루 말할 수 없이 큽니다. 오죽했으면 효의 근본을 입신양명(立身揚名)이라고 했겠습니까? 출세하여 이름을 세상에 날린다는 뜻입니다.

부부로 살아가는 동안 기대의 차이로 싸우기도 하고 심하면 갈라서는 경우도 있습니다. 남편이 부인에게 칠십쯤 기대하는데 돌아오는 것이 삼십 정도밖에 되지 않는다고 할 경우, 남편은 부인에게 실망 혹은 섭섭함을 갖게 됩니다. 부인 또한 마찬가지입니다. 이런 문제가 쌓이다 보면 언젠가 폭발하게 되어 있습니다. 이것이 부부간의 싸움입니다. 『스님의 주례사』로 유명한 법륜 스님은 "덕 보려고 결혼하지 말라"고 했습니다. 삼십 주고 칠십 받으려 말고 칠십 주고 삼십만 받으려고 하면 문제가 없을 것입니다. 서로 덕을 주려고 결혼해야지 서로 덕을 보려고 하면 기대가 높아져 기대에 차이가 나게 됩니다. 그 차가 크면 클수록 불만도 클 수밖에 없습니다. 덕을 서로 주려고 결혼하는 부부가 바로 깨가 쏟아지게 사는 부부들의 생활방식입니다.

사회에서 일어나는 일들도 대부분 양자 사이에 기대치가 다르기 때문에 생기는 경우가 많습니다. 매스컴에 자주 등장하는 노사문제가 그 한 예입니다. 노사가 기대하는 정도가 다르기 때문에 파업이 일어나고 노동문제가 발생하는 것입니다. 노동자들이 백을 기대하는데 이백쯤 받게 되면 불만을 가질 이유가 없을 것입니다. 반대로 사측에서 백 정도의 생산을 기대했는데 이백을 생산했다면 사측 또한 불만이 있겠습니까? 서로의 기대치 차이에서 오는 문제들입니다.

문제를 없애려면 기대치를 낮추는 것이 가장 쉬운 방법입니다. 그런데 이 또한 다년간의 내공을 쌓아야 가능합니다. 서로 기대치를 낮추는 것은 곧 욕망을 줄이는 것과 같은 이치입니다. 만족하며 사는 것이 행복의 길입니다. 만족하기 위해서는 욕망을 줄이는 것이 그 첩경입니다. 욕망을 줄이는 것은 기대치를 줄이는 것과 상통합니다. 내가 행복하기 위해서라도 기대를 높게 갖는 것보다는 낮게 하는 것이 좋습니다. 그렇다고 기대하지 말고 살라는 것은 아닙니다. 뭔가를 기대하며 사는 것은 좋은 것입니다.

개인의 기대치가 만족되면 개인이 만족하고, 상대방의 기대치가 만족되면 쌍방이 모두 만족하며, 집단 간의 기대치가 만족되면 집단이 만족하여 사회문제가 해결되는 결과를 낳게 됩니다. 그러나 연목구어(緣木求魚)식의 허황된 기대는 행복의 끝이요 불행의 시작이라는 것을 기억해야 합니다. (2013년 1월 23일)

44

내가 생각하는 나와 남이 생각하는 나

가끔 나는 내가 아닌 것 같은 생각이 들 때가 있습니다. 나는 이런 사람이라고 생각하며 살았는데 어느 날 갑자기 나답지 않은 행동을 한 후에 그런 생각을 하게 되는 경우가 있습니다. 이렇게 나 자신도 내가 딴 사람처럼 느껴지는 경우가 있는데, 다른 사람이 나를 보는 눈과 나를 대하는 생각은 어떠할까요? 나도 나를 잘 모르는데 하물며 남이 나를 어떻게 정확히 알 수 있겠습니까?

지난해 연말, 지인들끼리 모여 한 해를 보내자는 의미로 망년회를 가졌습니다. 평소에 친하게 지내던 지인들이라 여러 말들이 쏟아져 나왔습니다. 그러다 한 지인이 나에 대한 이야기를 꺼냈습니다. 이야기가 자랑으로 변했습니다. 자랑이라고 해봐야 남들처럼 무슨 벼슬을 한 것도 아니요, 훈장을 받은 것도 아니요, 노벨상을 받을 일도 없었으니 기껏 해봐야 사람이 좋다느니 자기에게 잘했다느니 아니면 어떤 작은 선행이나 의리로 감명받았다는 정도의 이야기였습니다.

이야기가 진도를 나가다 자연스럽게 나의 성격과 내면의 세계까지 이르게 되었습니다. 나는 스스로를 내성적이라 생각하고 살았습니다. 성격도 매우 수더분하다고 생각했습니다. 허나 외유내강(外柔內剛)형의 사람이라고 생각했습니다. 사실 내가 살아온 과거를 보면 그런 점이 없지 않습니다. 그런데 내가 생각하고 있는 나와 지인들이 생각하는 내가 다르다는 사실에 적잖게 놀랐습니다. 그들은 내가 매우 사교적이고 활동적이며 마음이 온순한 사람이라고 했습니다.

또한 모나지 않은 사람이라는 것이었습니다. 나를 이런 사람으로 알고 있는 지인들을 보면서 내가 인생을 참 거짓으로 살고 있거나 아니면 지인들이 날 잘 이해하지 못한다는 생각이 들었습니다. 원인이 다 내게 있다고 하면 나는 그동안 위선적으로 살아온 것입니다.

사실 나는 지인들이 생각하는 것처럼 사교적인 사람이 아닙니다. 사람을 사귀는 데 매우 까다로운 사람입니다. 그러나 한 번 사귄 친구는 믿고 의지하며 형제처럼 아니 형제보다 더 신의를 지키기 위해 노력하며 지내는 편입니다. 처음 만나는 사람에게 격의 없이 마음을 열고 자연스럽게 대화하지만 바로 믿거나 신뢰하며 친구가 되는 것은 아닙니다. 순간의 만남을 즐기는 낙천적인 성격과 내 삶의 철학이 그렇기 때문에 쉽게 분위기에 몰입하는 것뿐입니다. 그런

면만을 보면 지인들이 나를 사교성 있는 사람으로 오해할 수 있을 것입니다. 성격도 보기보다는 털털한 편입니다. 직업이 여학생을 가르치는 선생이다 보니 외모에 신경을 쓰며 살았습니다. 외모 덕분에 아마 그렇게 깔끔하게 보였을 것입니다. 매우 소극적인 면도 있습니다. 남이 나를 어떻게 생각할까 하는 생각에 많이 망설이는 편입니다. 나를 내세우기보다는 남의 의견을 존중하는 태도를 많이 보이며 삽니다. 겉과 속이 다른 가식적인 때가 많습니다.

알고 보면 나는 좋은 사람이 아닙니다. 누구보다 욕심이 많은 사람입니다. 작은 것은 양보하고 더 큰 것을 탐(貪)하는 나쁜 사람입니다. 그런데 나를 그런 사람으로 보지 않습니다. 사람의 마음을 사는 일을 탐(貪)하기에 소실(小失)을 감수하고 작은 것은 주고살 뿐입니다. 그런데 지인들은 그렇게까지 나의 내면을 바라보지 못하는 것 같습니다.

나의 심중을 알 기회가 없었던 것도 내가 생각하는 나와 지인들이 생각하는 내가 다른 이유일 것입니다. 현대생활이 남에 대해서 크게 신경 쓰고 살 겨를이 없다는 것도 이유일 것입니다. 바쁘다는 핑계로 이웃집에 누가 사는지도 모르고 살아가는 세상이니 당연합니다. 30년 이상을 같은 지붕 아래 같은 이불을 덮고 살을 맞대며 살아온 집사람도 나를 잘 모르니 남이야 나를 모르는 것은 당연한 일일 것입니다.

앞으로는 내가 생각하는 나와 지인들이 생각하는 내가 같은 사람이 될 수 있도록 좀 더 진실하게 살도록 노력하겠습니다. 당신과 내가 보이는 그대로의 모습이라면 더욱 맑고 아름다운 사회가 되겠지요?

45

어느 행복전도사의 죽음

일전에 행복전도사로 잘 알려진 분의 부음을 듣고 마음이 참 씁쓸했습니다. 그분의 죽음이 질병으로 인한 것도 아니고, 천수를 다 한 것도 아니라 스스로 목숨을 끊었다는 사실이 나를 경악케 했습니다. 밝은 모습으로 TV에 나와 행복한 삶을 위해 좋은 말씀을 많이 하신 분이라 더욱 가슴이 아팠습니다. 다른 분은 다 불행해도 저 분만은 행복한 삶을 살고 있으리라는 강한 믿음을 가지고 있었습니다. 얼마나 도를 닦고 내공을 쌓아야 저런 경지에 오를 수 있을까? 부럽기 그지없었습니다. 그런데 그런 분이 갑자기 세상을 뜨다니, 순간 믿음 깨지는 소리가 시린 이처럼 아픔으로 밀려왔습니다. 그동안 그분도 우리처럼 행복하지 않았나는 것인가? 그분의 말씀이 모두 가식이었단 말인가? 가슴에서 믿음이 빠지니 허탈이라는 놈이 가시 모자를 쓰고 빈자리를 파고들었습니다.

허탈한 마음은 연민이 되었습니다. 그분도 행복전도사이기 전에 한 인간이었기에 내면적으로는 보통 사람들이 겪고 있는 갈등을 겪을 수 있겠지…. 아니 한 수 높은 갈등을 겪고 있었을지도 모른다는 생각이 들었습니다. 아니면 이 세상에서 모든 행복을 다 경험하시고 더 아름다운 행복을 찾아 먼 길을 떠났을지도 모를 일이라는 의심도 하게 되었습니다. 어찌 되었든 그분의 명복을 빕니다.

행복한 삶을 싫어하는 사람은 없을 것입니다. 왜 그렇게 열심히 일하며 사느냐고 물으면 십중팔구는 행복하기 위해서라고 합니다. 여러분도 그러리라 생각합니다. 불행하기 위해서 사는 사람은 없을 것입니다. 불행하기 위해서 시험공부를 하거나, 사랑하거나, 결혼하거나, 돈을 벌거나, 여행하거나, 고생을 감내하지는 않을 것입니다. 남녀노소 동서고금을 막론하고 행복한 삶을 추구합니다. 모든 사람들이 행복을 누리기 위해서 기를 쓰고 있습니다.

그런데 그렇게 원하는 행복은 보이지도 않습니다. 만질 수도 없습니다. 손에 쥘 수도 돈으로 살 수도 없습니다. 누가 더 큰 행복을 누리고 있는지도 알 길이 없습니다. 어디에 있는지도 모릅니다. 어디에 있는지도 모르니 구하기도 어렵습니다. 사람들은 어떻게 생겼고 어디에 있는지도 모르는 행복을 찾아 헤매고 있습니다. 행복을 찾았다는 사람들도 있습니다. 그러나 확인할 길이 없습니다. 다만 본인이 찾았다고 하니 믿을 수밖에 없습니다. 오직 느낌이 있을 뿐입니다. 느낌이라는 것이 형체가 없듯이 그 내용도 없습니다. 그냥 느낄 뿐입니다.

모파상은 코르시카에서 살고 있는 어느 연인의 삶을 통해서 행복을 발견했습니다. 톨스토이는 사랑하는 부부를 통해서 행복을 발견했습니다. 장 지오노는 마음먹기에 달렸다고 했습니다. 안데르센은 배나무에서 행복을 발견했습니다. 오스카 와일드는 왕자와 제비의 헌신적인 사랑에서 행복을 찾았습니다. 빅토르 위고는 행복이란 하나님이 주신 것이라고 했습니다.

"행복 그것은 어린아이가 사랑하게 되는 것,
어른이 되어 질투 어린 손길로 서둘러 꽃잎을 따는 것,
시든 꽃잎처럼 마침내 늙어가는 것,
하나님이 나에게 주셨던 것"

마음이 머무는 곳이면 어디에나 행복이 존재한다는 것입니다. 슬픔과 절망 속에도 행복은 존재하고 있다는 것입니다. 모든 곳에 행복은 존재하지만 우리가 발견하지 못할 뿐입니다. 행복은 멀리 있는 것이 아니라 우리 가까운 도처에 있습니다. 길가에 핀 민들레꽃에도 아침에 풀잎에 맺혀 있는 영롱한 이슬에도 행복은 있습니다. 육안으로는 보이지 않는 것이 행복입니다. 빈드시 심안으로만 볼 수 있는 것이 행복입니다. 안경이 필요하지 않습니다. 심안은 어둠과 고통 속에서 더 선명해지는 눈입니다. 마음이 깨끗하면 무엇이든지 볼 수 있는 눈입니다.

잘산다는 것

100명에게 "어떻게 살고 싶으냐?"고 물어보면 100명이 거의 다 "잘살고 싶다", "행복하게 살고 싶다", "멋지게 살고 싶다", "즐겁게 살고 싶다"고 대답합니다. 가뭄에 콩 나듯 "인간답게 살고 싶다"라고 대답하는 사람도 있습니다. 두 번째로 "잘사는 것이 무엇이냐?" 고 물어보면 "행복하게 사는 것, 즐겁게 사는 것, 멋지게 사는 것, 하고 싶은 거 다 하고 사는 것" 등으로 대답합니다. 잘살고 싶은 것은 누구나 같은 꿈인데 잘사는 것이 어떻게 사는 것인지는 정확하지 않습니다. 지금 살고 있는 것이 잘살고 있는지 잘 못 살고 있는지 잘 알지 못합니다.

모르고 사는 것이 행복할지도 모릅니다. 행복한지 불행한지도 모르게 살다 가는 것이 잘사는 것인지도 모릅니다. 잘사는 것이 어떻게 사는 것이냐는 그만큼 주관적이라는 말이기도 합니다. 잘산다는 확실한 기준이 있는 것도 아니며 있다고 해도 사람마다 그 수준이 다를 수밖에 없습니다. 또한 같은 사람이라 해도 잘산다는 기준이 수시로 바뀔 수 있습니다. 확실한 기준도 없을 뿐더러 수시로 바뀔 수 있기에 잘산다는 것을 일률적으로 단정 지을 수는 없습니다.

입는 것은 고사하고 세끼 밥만 제대로 먹을 수 있어도 행복했던 시절이 있었습니다. 경제적인 여건이 나아지면서 의식주에도 변화가 일어나게 되었습니다. 여유 있는 사람은 비싼 화장품을 바르고 명품 옷으로 치장하기 시작했습니다. 산해진미를 맛보는 호식가들이 나타나기 시작했습니다. 한기를 막아주고 잠자는 데 급급했던 주택도 옛날 사대부 양반들이나 살 수 있었던 대궐 같은 집으로 바꾸는 사람들이 늘어났습니다.

누구 아빠 엄마는 해외여행을 했다는 둥, 고급 외제 승용차를 타고 다닌다는 둥, 눈만 뜨면 보이고 들리는 말이 다 나와 비교 대상입니다. 잘나가는 부류에 비해 패자의 설움을 느끼게 되면서 내면적인 갈등이 시작됩니다. 물질이 삶의 본질을 앞서는 형국에 이른 것입니다.

한 잔에 몇백만 원을 호가하는 프랑스 산 포도주를 마시며 안주로는 상어지느러미 요리나 금보다도 비싸다는 바다제비집 요리를 먹는 사람이 있다고 합니다. 옷 한 벌에 몇천만 원 하는 것도 있다고 합니다. 강남에는 아파트 한 채 값이 40~50억 원을 호가한다고 합니다. 이러니 사람들의 눈은 자꾸 높아만 갑니다. 잘사는 기준도 덩달아 높아집니다. 기준이 높아가니 그 속도를 따라가지 못하는 사람은 상대적으로 못사는 부류에 속하게 됩니다. 불만의 싹이 자라나게 됩니다. 그러니 늘 불행하다고 생각하게 됩니다.

욕망은 끝없이 솟구칩니다. 이러한 욕망의 늪에서 탈피하는 것이 곧 해탈입니다. 해탈이 말처럼 쉬운 일은 아닙니다. 그러나 모든 것은 마음먹기에 달려 있습니다. 노래 가사에도 나와 있듯이 잘살고 못사는 게 다 마음먹기 달린 것입니다. 속담에 "뱁새가 황새 따라가려다 가랑이 찢어진다"는 말이 있습니다. 자기의 분수에 맞는 삶을 살아가는 것이 최선의 방법입니다. 10원짜리 인생이면 10원에 맞게 살아가면 됩니다. 얼큰한 매운탕에 소주 한 잔 하는 것이 몇백만 원 하는 와인에 비해 전혀 나쁘지 않습니다. 문제는 남과 비교하여 우위의 삶을 지향하고자 하는 마음에서 비롯됩니다.

비교 대상이 단지 눈에 보이는 삶이나 외형뿐입니다. 명품을 입었느냐? 몇 평짜리 아파트에서 사느냐? 차는 무슨 차를 타느냐? 눈에 보이는 것들을 비교의 기준으로 삼습니다. 한결같이 돈만 있으면 해결할 수 있는 것들입니다. 졸부의 사고가 빚은 결과입니다.

그러나 인간의 가치는 눈에 보이는 물질에 있는 것이 아니라 그 사람의 내면에 감춰져 있는 인성과 지성 그리고 삶의 자세에 있습니다. 얼마나 지혜로운 삶을 살고 있느냐에 더 큰 가치가 있습니다. 여러분이 잘 알고 있는 위대한 분들 중 돈을 얼마를 벌었고, 자동차는 어떤 차를 탔으며, 사는 집이 얼마나 어마어마했다는 기록을 본 일이 있습니까? 간디가 고급 승용차 타고 명품 옷 입고, 고급 레스토랑에서 식사했다는 이야기 들어보셨나요? 이순신 장군이 호의호식하며 사셨다는 이야기 들어본 적 있나요? 에이브러햄 링컨 대통령이 거위 간 요리에 프랑스 산 포도주를 마셨다는 이야기를 들어보셨나요? 위대한 사람이란 그 사람이 소유했던 물질이 아니라 그 사람의 내면 세계 즉, 인격과 지성에 그 바탕을 두고 있습니다.

우리를 감동케 하는 것은 호화로움에 있는 것이 아니라 그 사람이 살아온 역경에 있습니다. 어려움을 슬기롭게 이겨내고 그러고도 겸손하며 사회적 도리를 다한 사람에게 그 위대한 명예가 주어지는 것입니다. 눈에 보이는 재물은 아침에 낀 안개에 불가합니다. 바람이 불거나 태양이 떠오르면 순식간에 사라지는 신기루 같은 것입니다. 우리 내면에 감춰져 있는 인격과 정신은 영원불멸입니다. 누가 이 사실을 모르겠습니까? 알지만 실천하지 못하는 것이 또한 우리들입니다. 실천이 어렵기에 위대한 분들이 많지 않겠지요.

사실 삶이란 그렇게 어려운 것이 아닙니다. 사는 것이 그렇게 어려운 것이라면 조물주는 아예 사람을 만들지 않았을 것입니다. 지구상에 살고 있는 수많은 동물 중 사람만이 유독 욕심이 많습니다. 대부분의 동물들은 그날그날 먹이를 찾아 먹고 살아갑니다. 사람은 내일이라는 미래를 준비하며 살아갑니다. 그러니 사는 것이 몇 배 힘듭니다. 내일 뿐만이 아니라 대대손손 잘살게 하려는 망령으로 살고 있습니다. 부자 살림 3대 가기 힘들다는 말이 있습니다. 재산은 하루아침에 잿더미가 되기도 합니다. 이런 것을 부여잡고 매달려 있으니 얼마나 괴롭고 힘들겠습니까? 그러니 그 무거운 짐을 내려놓고 사는 것이 정답입니다.

다 내려놓으면 당장 내일이 걱정입니다. 내려놓는 확실한 방법은 있을 때 이웃에게 은혜를 베푸는 것입니다. 세상에 은혜보다 확실한 저축은 없습니다. 은혜를 원수로 갚는 사람도 있지만, 은혜를 은혜로 생각할 수 있을 정도로 베풀어 보십시오. 사람이 동물과 다른 점은 이성이 있다는 것입니다. 은혜를 갚은 미담이 얼마나 많습니까? 있을 때 많이 베풀면 반드시 그 이상의 보답이 옵니다. 그런 정신으로 산다면 죽는 날까지 남으로부터 은혜를 받지 않고도 살 수 있는 생활을 하게 될 것입니다. 이게 보답입니다. 남에게 은혜를 베푼다는 것은 곧 자기가 은혜를 받는 것입니다. 이게 삶의 이치입니다. 조물주는 인간을 그렇게 살도록 디자인 했을 것이라 믿습니다. 미련한 사람들만이 조물주의 뜻을 모르고 신을 조롱하며 살고 있습니다.

초가삼간 집을 짓고 울도 담도 없이 살지라도 행복을 느끼며 산다면 천하에 무엇이 부럽겠습니까? 행복은 마음먹기에 달렸다고 합니다. 생각하기에 따라 등 따뜻하고 배부르면 행복할 수 있는 것입니다. 내가 행복하다면 행복한 것입니다. 부귀영화 다 누리며 사는 것 같은 삶도 속속들이 들여다보면 나름 어려움이 많습니다. 내 인생은 내 것입니다. 남 흉내 내며 사는 것은 모조품입니다. 모조품은 아무리 좋아도 명품이 아닙니다. 한 번 사는 인생 남에게 욕 먹어가며 사느니 하루를 살아도 지혜롭고 감칠맛 나는 나만의 명품 삶을 사는 것이 사는 것입니다. (2013년 2월 18일)

그래도 믿어야 합니다

요즘 일기예보가 제법 잘 맞습니다. 때로는 일기예보가 틀리기를 바라는 때도 있었습니다. 주말에 야외 활동을 할 예정인데 날씨가 나쁘게 예보되면 예보가 틀리기를 은근히 기다리기도 합니다. 그런데 요즘 일기예보는 기대보다 잘 맞습니다. 예전에 일기예보가 틀려 기상청이 욕을 많이 먹을 때는 이심전심으로 연민의 정을 느낀 적도 있었습니다.

통계학을 업으로 평생을 살아온 사람에게도 기상청에서 근무하는 사람들과 유사한 항의를 받아본 적이 있기 때문입니다. 나는 젊었을 때의 꿈과는 전혀 다르게 가르치는 것을 직업으로 삼고 살아왔습니다. 교단에서 30년 넘게 통계학을 가르쳤으니 남이 보기에 나는 통계 전문가임이 확실합니다. 통계학을 가르치는 사람이라는 이유로 친구들이 가끔 "통계가 왜 이렇게 안 맞아?"라고 항의(?)합니다. 이런 항의는 그래도 예의를 갖추어 하는 것입니다. 좀 친하다고 생각하는 사람은 아예 "통계가 뭐 이렇게 엉터리야?" 하고 야단을 칩니다.

이런 항의는 특히 사회적으로 민감한 문제를 다룰 경우 두드러집니다. 국회의원 선거결과나 대통령 선거결과 예측이 빗나갔을 때마다 듣는 단골 메뉴입니다. 노동통계, 농업통계, 해산물통계, 실업률통계나 물가통계 등에 대한 결과에서도 가끔 듣는 항의성 질문입니다. 내가 직접 조사한 것도 아닌데 단지 통계학을 전공했다는 죄로 그런 말을 듣지만 반박하지 않습니다. 할 말이야 많지만 통계적인 지식이 많지 않은 사람들에게 구구절절 설명하기도 그렇고 또 이야기해 봤자 결과가 이미 틀렸다고 믿는 사람들에게 통할 리도 없기 때문입니다.

통계업무가 선거여론조사에서 누가 몇 표 얻어 당선되느냐 안 되느냐는 것만 국한되는 것은 아닙니다. 이 업무는 일부분일 뿐입니다. 선거결과 예측과 같은 일 외에도 다른 일이 많습니다. 그런데 유독 선거여론조사가 통계학의 전부인 양 거론되는 것을 보면 통계학을 전공하는 한 사람으로서 안타깝습니다. 선거여론조사 결과에 유독 항의가 많은 것은 개표가 끝나는 즉시 그 정답이 공개되기 때문입니다. 다른 통계조사 결과는 정답을 확인하기 어렵습니다. 선거여론조사도 모두 예측조사입니다. 예측은 말 그대로 예측일 뿐입니다. 정확한 답이 아닙니다. 그렇다고 영 엉터리는 아닙니다. 몇 퍼센트 내에서 차이가 납니다. 선거는 한 표 차이에도 당락이 결정됩니다. 몇 표 차이까지 맞춘다는 것은 통계조사로는 사실상 불가능합니다. 이것이 통계학에 대한 오해를 낳습니다. 통계조사 결과에 오차 범위라는 것이 있습니다. 오차를 인정하고 있는 학문입니다.

조사기관마다 결과가 다르기 때문에 엉터리라는 이야기를 듣기도 합니다. 진짜 값과 예측치 사이에는 차이가 있을 수밖에 없습니다. 같은 조사를 해도 누가 언제 어떻게 조사했느냐에 따라서 차이가 납니다. 같은 품종의 사과라도 모양이 조금씩 다르듯이 통계조사 결과도 다를 수 있습니다. 통계학은 표본자료를 이용합니다. 전체에서 일부를 뽑아 조사하여 그 자료를 이용하기 때문에 표본을 추출하고 조사하는 과정이 정확해야 합니다.

통계이론은 정확합니다. 실무 과정에서 문제가 발생할 수 있기에 각기 다른 결과를 나타내는 것입니다. 문제는 달라도 너무 다른데 문제가 생깁니다. 진짜는 소나무인데 조사결과 예측한 나무가 은행나무로 나옵니다. 전나무나 잣나무 정도만 되도 그럭저럭 넘어갈 수 있는데 소나무와 너무 다른 은행나무가 나오니 믿기 어렵겠지요. 그러나 소나무가 은행나무가 되는 경우는 흔치 않습니다. 대부분 오차 범위에서 차이가 납니다. 선거여론조사가 조사의 대표처럼 느껴지는 것은 결과에 대한 관심과 매스컴들의 과잉경쟁이 빚은 결과입니다.

소수지만 통계조사 무용론을 주장하는 사람도 있습니다. 그러나 통계조사는 더욱 확대되고 사회 전 분야에 적용되는 추세에 있습니다. 그 이유는 필요하기 때문입니다. 선거여론조사를 제외한 조사 중에 민감한 조사로는 노사가 대립하는 생산성 조사나 물가 조사가 있습니다. 연례행사처럼 벌어지는 노사의 대립은 외견상으로 보면 처우개선과 임금인상입니다. 노사의 갈등은 회사의 사활이 걸려 있는 중대한 문제입니다. 서로의 의견충돌로 파업에 돌입하고 때로는 회사가 문을 닫기도 합니다.

문제의 핵심은 사측에서는 임금을 올리지 못하겠다, 노측에서는 올려달라는 주장이 부딪쳐 결론이 나질 않습니다. 공식통계가 있는데도 믿지 않습니다. 예를 들어 정부가 노동생산성이 5%라고 발표해도 이를 믿지 않습니다. 통계청에서 발표하는 물가지수와 개인이나 기업연구소 등에서 조사한 것이 다르기 때문입니다. 물가 상승률도 어느 집단에서 조사한 것이냐와 어떤 종류의 가격을 사용하느냐에 따라서 달라집니다. 이런 때 필요한 것이 정확한 통계입니다. 두 집단이 공동으로 통계조사를 실시하여 그 결과를 수용하게 되면 적어도 임금협상 결렬에서 오는 사회적인 문제는 해결할 수 있다고 생각합니다.

정확한 통계와 신뢰는 사회문제를 해소하는 데 많은 기여를 할 수 있습니다. 매년 예측하는 우리나라의 경제성장률이나 경기예측이 맞는 것을 보신 적 있습니까? 그래도 계속하는 것은 없는 것보다는 있는 게 낫기 때문입니다. 통계에 대해서 많은 의혹과 불신이 있을 수 있습니다. 그래도 통계는 믿어야 합니다. 아직까지 통계보다 더 좋은 대안이 없기 때문입니다. 통계가 엉터리라는 말이 사라지는 날 세상은 더 투명하고 아름다워질 것임을 확신합니다.

나는 정상적인 사람인가?

세상이 어지러워지면 정신 이상자가 많이 나타난다고 합니다. 요즘 정신과를 찾는 사람이 늘고 있다니 세상이 어지러워진 모양입니다. 그 덕에 한때 비인기였던 정신과를 전공하는 의사들이 많다고 하니 좋은 일인지 나쁜 일인지 모를 일입니다. 비정상적인 사람을 정상적으로 만드는 병원이 정신과이고 그런 일을 하는 의사를 정신과 의사라고 합니다. 정신과 의사는 아니지만 비정상적인 사람을 상대로 심리치료를 하고 상담하는 사람들이 있습니다. 심리학 전공자들입니다. 이분들도 비정상적인 사람을 정상적으로 만드는 일을 연구합니다.

살면서 가끔 궁금하게 생각했던 것이 있었습니다. 정상적인 사람이란 어떤 사람을 말하는 것일까? 나는 과연 정상적인 사람인가? 그리고 비정상적인 사람을 정상적으로 치료한다는 사람들은 과연 정상적인 사람들인가? 이와 같은 몹시 비정상적인 궁금증을 가지고 있었습니다.

어느 날 심리 상담으로 잘 알려진 박사님을 만나게 되었습니다. 매스컴에도 자주 나와 상담사례를 발표하시는 분이었습니다. 떡 본 김에 제사지낸다고 유명인사를 뵈었으니 평소에 갖고 있던 궁금증을 풀고 싶었습니다. 급한 김에 대뜸 "박사님께서는 비정상적인 사람들을 상담하시는데 비정상적인 사람은 어떤 사람입니까?"라고 물었습니다. 박사님은 기다렸다는 듯이 자세하게 대답해 주었습니다. 내용이 전문적이어서 이해는 다 못했지만 대충 설명은 이러했습니다.

정상인을 중심으로 상위 2.5%와 하위 2.5%에 해당하는 사람을 비정상적인 사람으로 구분한다는 것이었습니다. 이 말이 정설인지 아닌지는 모르겠으나, 정상인을 중심으로 너무 부족하거나 너무 월등해도 비정상이라는 이야기였습니다. 그럼 정상적인 사람은 어떤 사람이냐고 물었습니다. 이 질문에 대해서는 더 많은 설명을 하였습니다. 심리학 전문가가 아니기에 이해하기 어려웠습니다. 사실 정상적인 사람을 정확하게 정의하지 못하면서 비정상적인 사람을 정의한다는 것이 마음에 거슬렸습니다. 지구가 도는지 태양이 도는지 알 수 없었던 때 갈릴레오가 한 말이 생각납니다.

상담하고 치료를 담당하는 사람은 다 정상적인 사람일까요? 정상인이라 가정하고 치료나 상담을 하겠지요. 지구상에 정상적인 사람이 있기는 한가요? 예수·석가·공자·맹자 아니면 소크라테스, 이

분들은 많은 사람들이 추앙하는 성인들이니 정상적인 사람임에 틀림없을 것입니다. 그런데 그런 분들이 5% 미만입니다. 기준에 의하면 이분들이야말로 지극히 비정상인입니다.

이분들이 지금 다시 태어나 산다면 정신병 치료를 받아야 할 분들입니다. 과연 지구상에 정상적인 사람이 단 한 사람이라도 있다고 생각하십니까? 사전적으로 정상(正常)인이란 특별한 변동이 없는 정규적인 상태의 사람, 또는 심신의 상태에 아무 탈이 없는 늘 제대로인 사람이라 정의되어 있습니다. 심리 상태가 죽 끓듯 하지 않고 예측이 가능하며 탈이 없는 제대로 된 사람이라고 하니 살아 있는 사람 중에 이런 사람이 한 사람이라도 있는지 모르겠습니다.

일반적으로 말하는 정상적인 사람은 상식이 통하는 사람이라고 할 수 있을 것입니다. 상식이 통하는 사람을 정상적인 사람이라고 해도 때에 따라서는 상식이 통하지 않을 때가 많으니 지속적으로 정상적인 사람이 없다는 말이 됩니다. 순간순간 정상적인 사람이 되었다가 다시 비정상적으로 되는 것이 우리네 보통 사람들입니다. 그러니 모두 정상적이지 못합니다.

비정상적인 사람이 비정상적인 사람을 정상적으로 치료한다는 것이 가능할지 모르겠습니다. 그렇다면 그것은 코미디입니다. 정상적이지 못한 사람이 의사라면 여러분은 어떻게 하겠습니까? 그런 의사로부터 치료를 받으시겠습니까? 다만 정도의 차이가 존재할 뿐입니다. 그렇게 보면 좀 덜 비정상적인 사람이 더 비정상적인 사람을 치료하고 상담하는 것입니다. 우리 모두는 정상적인 사람임과 동시에 모두 비정상적인 사람들입니다. 단지 정도의 차이가 있을 뿐입니다. 이런 글을 쓰고 있는 나는 정상적인 사람인가? 여러분도 자신을 정상적인 사람이라고 100% 확신합니까? 조금씩 모자라는 사람들이 모여 사는 이곳이 우리가 사는 사회가 아닐까요?
(2013년 3월 12일)

49

불행의 뿌리를 찾아서

살아가는 데 문제가 많습니다. 문제가 우리를 불행하게 합니다. 행복하기 위해서는 문제가 없는 삶을 살면 될 것 같습니다. 문제(question)라는 말은 답을 얻기 위한 물음이라고 사전에 나와 있습니다. 문제는 답을 요구합니다. 따라서 답을 알고 있다면 문제는 더 이상 문제가 되지 않을 것입니다. 결국 모르는 것이 문제입니다.

셰익스피어는 죽느냐 사느냐가 문제라고 했습니다. 대문호다운 생각입니다. 여러분은 이 의견에 동의하십니까? 나는 이에 전적으로 동의를 표합니다. 인간이 안고 있는 기본적인 문제는 죽음과 삶입니다. 죽음과 삶에 대한 문제는 인간이 존재하기 때문에 생깁니다. 존재가 없다면 삶도 죽음도 존재하지 않습니다. 그러니 문제는 내가 존재하는 데 있습니다.

태어남은 내 의지와는 상관없는 일입니다. 부모에 의해서 이 세상에 왔습니다. 요즘처럼 유전공학 기술이 발달하면 머지않은 장래에 사람도 물건처럼 대량 생산이 가능하게 될지도 모르나 현재로서는 부모로부터 생명을 받습니다. 따라서 일반적으로 인간의 문제는 탄생 이후의 문제에 국한해서 이야기할 수밖에 없습니다.

존재가 있으므로 생과 죽음이 있다고 했습니다. 우리를 불행하게 하는 것은 생과 죽음일 것입니다. 살아가는 데서 오는 문제와 죽음이라는 데서 오는 문제가 곧 불행을 야기합니다. 문제란 삶과 죽음에 만족하지 못하기 때문에 생기는 것입니다. 만족한 삶이란 잘 먹고, 잘 입고, 잘 자고, 마음과 뜻대로 사는 것을 뜻합니다. 만족한 죽음이란 없습니다. 만족한 삶을 살고 있다면 죽음을 원하는 사람은 없을 테니까요. 영원히 살기를 원합니다. 그러나 현실은 그렇지 못합니다. 모두가 불만족입니다. 그러니 불행이 있을 뿐입니다. 행복은 이상에 불과합니다.

불만족은 어디에서 올까요? 사람들은 이상과 현실의 괴리에서 온다고 말합니다. 언행의 불일치에서 온다고 말합니다. 그러나 나는 불완전한 인간이 완전한 신을 흉내 내는 데서 불만족이 기인한다고 생각합니다. 불완전한 인간이 완전한 신처럼 살려고 합니다. 신처럼 영원히 살고자 합니다. 신처럼 꿈같은 삶을 살려고 합니다. 인간은 인간일 뿐입니다. 절대자가 아닙니다. 그런데 신처럼 절대자처럼 살고자 합니다. 이것이 불만족의 근원이자 불행의 뿌리라고 생각합니다.

이것은 인간이 만든 문제만은 아니라고 봅니다. 인간을 창조했다는 조물주의 잘못이 더 크다고 생각합니다. 무슨 목적으로 인간을 그렇게 만들었는지 의문입니다. 인간에게는 육체와 정신을 갖게 했습니다. 정신은 신과 동격입니다. 아니 신을 창조할 정도의 능력을 갖고 있습니다. 그런데 육체는 동물일 뿐입니다. 육체와 정신이 일치하지 못합니다. 정신은 신이 할 수 있는 모든 것을 할 수 있습니다. 그러나 육체는 신이 행하는 것을 따라가지 못합니다. 정신은 불가능이 없습니다. 육체는 가능한 것이 많지 않습니다. 불가능한 육체와 모든 것이 가능한 정신이 동거하고 있는 것입니다. 부조화입니다. 갈등입니다. 이 부조화와 갈등이 인간의 원초적인 문제를 야기합니다.

인간은 미래를 상상할 수 있는 이성이 있습니다. 미래에 대한 꿈을 갖습니다. 그러나 현실은 꿈이나 이상과 일치하지 않습니다. 정신세계와 육신의 세계가 일치하지 않습니다. 한 몸에 신과 야수가 공존하고 있습니다. 인간을 제외한 세상의 모든 동물은 정신과 육체가 일치합니다. 먹고 싶으면 먹고, 싸우고 싶으면 싸우고, 싸고 싶으면 쌀 뿐입니다. 꼴리면 하고 새끼가 생기면 키웁니다. 그런 생활을 반복합니다. 조물주가 만들어놓은 프로그램에 따라 순종하며 살 뿐입니다. 미래를 모릅니다. 행동하는 것이 생각하는 것입니다. 단순하게 삶을 살아갑니다. 죽고사는 것이 큰 문제가 되지 않습니다. 지금 존재함에 만족하는 것입니다. 소유라는 개념이 없습니다. 내일도 없습니다. 지금이 있을 뿐입니다. 그러니 삶이 그렇게 복잡하지 않습니다.

인간은 존재 자체만으로는 만족하지 못합니다. 지금에 만족하지 못합니다. 오늘보다 더 나은 내일을 기대합니다. 당장 이룰 수도 없는 많은 것들을 상상합니다. 그것을 꿈이라고 합니다. 꿈은 미래입니다. 꿈이란 원래 이뤄지기 힘든 것입니다. 쉽게 이뤄지는 것은 꿈도 아닙니다. 이룰 수 없는 꿈을 이룰 수 있다고 도전합니다. 그리고 이뤄지지 않을 경우 좌절하고 슬퍼하고 괴로워합니다. 지금 배불리 먹으면서 내일 배고플 것을 걱정합니다. 사서 고생입니다. 생활의 기본적인 의식주부터 본능이라는 성에 이르기까지 모두 걱정입니다.

때로는 인간이 이 세상에서 가장 우매한 동물이 아닌가 생각해 봅니다. 사서 고생하는 동물이 인간 말고 또 있습니까? 실현되지도 않을 일들을 가정하여 불안해하고 괴로워합니다. 그렇게 시간이 많으면 휴지라도 줍는 게 본인을 위해서나 사회를 위해서 더욱 값진 일입니다. 어리석기 그지없습니다. 도둑질하지 않으면 경찰이나 검찰이 필요 없습니다. 도적을 막기 위해서 많은 규제가 생깁니다. 그만큼 자유가 침해당하는 것입니다. 경찰에게 월급을 주기 위하여 더 많은 세금이 필요합니다. 전쟁하지 않으면 군대가 필요 없습니다. 군인을 먹여 살리기 위하여 많은 세금을 바쳐야 합니다. 세금을 잘 내면 세무 공무원이 필요 없습니다. 그런데 세금을 내지 않아 세금을 거두어들이는 사람들이 필요합니다. 악순환입니다. 얼마나 어리석습니까?

공공 기물을 마구 때려부숩니다. 공공 물건을 설치하기 위하여 우리들이 낸 세금이 들어갑니다. 하늘에서 그냥 떨어지는 것이 아닙니다. 자기 돈이 들어가는데 때려부숩니다. 길가에 쓰레기를 버리지 않으면 청소원이 필요하지 않습니다. 그런데 마구 버립니다. 어른이나 아이 할 것 없이 누구라고 할 수도 없습니다. 모두 다 그렇습니다. 얼마나 미련하고 무식합니까? 이래도 인간이 만물의 영장이라는 말을 할 수 있습니까? 동물들이 인간의 이런 말을 알아듣는다면 웃어도 한참 웃을 일입니다.

문제의 해법은 의외로 쉽습니다. 다만 실행이 어려울 뿐입니다. 불행의 뿌리를 없애는 것은 인간이 신이 아니라는 사실을 깨닫는 것입니다. 생각은 비록 신의 경지에 있지만 실제의 삶은 동물과 별반 다르지 않다는 사실을 하루빨리 깨달아야 합니다. 이런 날이 오면 행복은 우리의 것이 될 것입니다. 아주 간단합니다. 문제는 실천입니다. 깨닫는 데 그치지 않고 몸으로 깨달아야 합니다. 자연의 순리에 따라서 살면 됩니다. 그런데 그렇게 하려 하지 않습니다. 그렇게 하지 않으니 점점 더 불행의 늪으로 추락합니다.

자연에 순응하며 살다가 때가 되면 기쁜 마음으로 가면 됩니다. 그런데 하루라도 더 살기를 바라고, 더 잘살기를 바라며 발버둥 칩니다. 불쌍하기보다는 추하게 보입니다. 조금 잘산다고 하루 이틀 아니 몇 년 더 살다 간다고 해서 뭐가 크게 달라집니까? 모든 인간의 문제는 인간이 신같이 살기를 바라는 마음에서 옵니다. 신이 되고 싶다고 신이 됩니까? 될 것을 바라야지요. 인간답게 살다가 바람처럼 가는 것입니다. 일찍이 푸시킨은 “삶이 그대를 속일지라도 노하거나 슬퍼하지 말라”고 했습니다. 생각하면 할수록 멋진 말입니다. 행복하시길 바랍니다.

50

반성합니다

하루를 살아도 반성할 일이 있다고 합니다. 하물며 몇십 년을 살아온 사람들이야 반성할 일이 얼마나 많겠습니까? 그래서 가톨릭에서는 고해성사라는 것이 있나 봅니다. 자기의 잘못을 고하고 죄사함 받고자 하는 의식이라 생각합니다. 가슴에 품고 있는 죄의식을 털어버리고 살 수 있다면 얼마나 마음이 평화롭겠습니까?

누구나 말 못할 사연을 하나쯤은 가지고 있을 것입니다. 그것이 마음의 평화를 저해하고 있어 늘 마음이 무거운 것을 느낄 때가 있습니다. 그 짐을 덜 수 있다면 나라도 기꺼이 하고자 합니다. 마음 한구석에 남아 묵은 때가 가슴에 끼어 있는 느낌을 지울 수 없을 때가 있습니다. 참회하고자 하는 것이 많습니다. 털어버리고 자유롭게 훨훨 어디론가 웃으며 떠나고 싶은 때가 있습니다.

나 역시 예외가 아닙니다. 아니 어떤 사람보다 더 반성해야 할 것이 많을지도 모릅니다. 너무나 부끄럽고 창피합니다. 남 앞에 얼굴들고 서 있기도 부끄럽습니다. 내 꼬락서니를 생각하면 남의 허물을 감히 입에 담을 수가 없습니다. 우리 참회하는 마음으로 같이 반성하는 기회를 갖지 않으실래요?

반성합니다. 최선을 다하지 못함을 반성합니다. 이웃을 사랑하지 못했음을 반성합니다. 내 잘못을 남의 잘못이라 했음을 반성합니다. 효도하지 못했음을 반성합니다. 친구를 시기하고 비방했음을 반성합니다. 내가 하는 것은 정의이고 남이 하는 것은 불의라고 했음을 반성합니다. 나라에 충성하지 못했음을 반성합니다. 산에 핀 꽃을 내 욕심을 위해 꺾었음을 반성합니다. 사치하고 낭비했음을 반성합니다. 길거리에 휴지 버리고 함부로 침 뱉은 것을 반성합니다. 있는 자를 우러러보고 가난한 자를 업신여겼음을 후회합니다. 예쁜 여인을 흠모하고 추한 여인을 괄시했음을 후회합니다. 사랑해서는 안 될 사람을 사랑했음을 후회합니다. 나의 목적을 위해 남을 수단으로 사용했음을 후회합니다. 늘 반성하지 못함을 후회합니다. 남에게 은혜를 베풀지 못하고 살았음을 후회합니다. 거짓말을 많이 하고 살았음을 후회합니다. 내 자신을 속이고 살았음을 후회합니다. 형제와 우애하지 못했음을 후회합니다. 남과 싸우고 살았음을 후회합니다. 불의에 항거하지 못하고 살았음을 후회합니다. 한 그루의 풀과 나무를 함부로 대했음을 후회합니다. 살아 있는 생명을 짓밟았음을 후회합니다. 남의 아픔을 못 본 체했음을 후회합니다. 나만을 생각하고 살아왔음을 후회합니다.

헤르만 헤세는 “단 하룻밤만이라도 숱한 저주와 자기를 괴롭히는 고통을 치르지 않고 진실이 가득한 눈으로 자신의 영혼을 들여다볼 수 있는 그런 정직한 인간은 없단 말인가?”라고 질문했습니다. 그렇습니다. 저주와 고통을 벗어나 진실된 눈으로 내 영혼을 바라볼 수 있는 사람이 되고 싶습니다. 단 하루만이라도….